子どものぎもん事典《じてん》

こんなとき、どうする？

監修
諸富 祥彦 教育学博士・臨床心理士
今泉 忠明 動物学者
国崎 信江 危機管理アドバイザー

金の星社

はじめに

生《い》きていると、自分《じぶん》の思《おも》い通《どお》りにならないことや、
予想《よそう》もしていなかったことが起《お》きて、
どうしたらいいか、わからなくなるときがあるよね。
じつは日常生活《にちじょうせいかつ》には、ふしぎがいっぱいつまっているんだ。
なんとなく友《とも》だちの気持《きも》ちがわからなかったり、
昆虫《こんちゅう》の行動《こうどう》をおもしろく思《おも》ったり、
UFO《ユーフォー》らしきものを見《み》かけたり……。
毎日《まいにち》のくらしの中《なか》で、ふしぎやぎもんに感《かん》じたけいけんが、
キミにもきっとあるのではないかな？

それはきっと、ワクワクドキドキするような
楽《たの》しいことだけではないと思《おも》う。
どうしたらいいかわからなくて、
不安《ふあん》に感《かん》じることもあるかもしれない。
そんないろいろな場面《ばめん》での、
「こんなとき、どうする？」のヒントを集《あつ》めてみたよ。
キミの思《おも》っているふしぎやぎもんは、「1＋1＝2」のように、
きちんとした答《こた》えがあるわけではないんだ。
でも、この本《ほん》に書《か》かれていることを参考《さんこう》にして、
「こんなとき、自分《じぶん》ならどうするかな？」を
考《かんが》えるきっかけにしてくれたらうれしいよ。

博士《はかせ》より

もくじ

第《だい》2章《しょう》

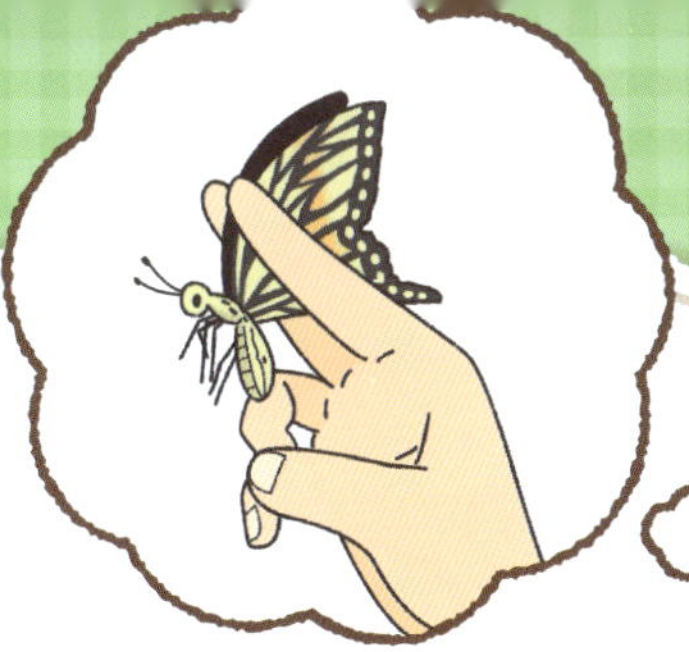

第《だい》3章《しょう》

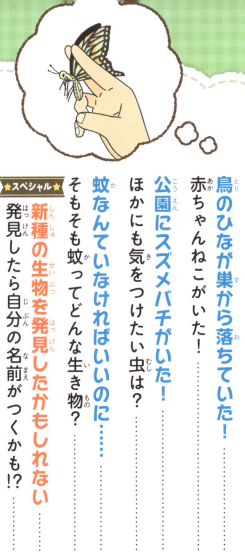

第《だい》1章《しょう》

こころ
からだ
編《へん》

マンガ 「こころってどこにある？」の巻《まき》

こころ・からだ編《へん》

こんなときどうする?

大人《おとな》になりたくない!

大人《おとな》ってつまらなそう。ボクはずーっと子《こ》どものまま、遊《あそ》んでいたいな。

男《おとこ》の子《こ》

遊《あそ》びたいから大人《おとな》になりたくないなんて、じつにもったいない! よし、これから大人《おとな》のみりょくについて教《おし》えよう!

博士《はかせ》

大人《おとな》になったら、できるようになることがたくさんあるよ！

大人《おとな》ははたらいて、生活《せいかつ》のためにお金《かね》をかせがなければならない。でも、だからこそ、自分《じぶん》で自由《じゆう》にほしいものを買《か》ったり、好《す》きなところに行《い》けたりするんだ。

たしかに大人《おとな》は、子《こ》どもに比《くら》べたら、やらなくてはいけない「ぎむ」や「せきにん」があるけれど、それは自由《じゆう》を手《て》にするためのキップ。ひとりぐらしだってできるし、日曜日《にちようび》に家《いえ》の人《ひと》に「早《はや》く起《お》きなさい！」なんておこられることもない。

自由《じゆう》を手《て》に入《い》れるためにも、キミたちには今《いま》の時間《じかん》を大切《たいせつ》にして、ゆっくり大人《おとな》になるじゅんびをしてほしいな。

どっちがいい？
ずーっと子《こ》どもコース
おこづかいを100円《えん》もらう。
ほしいゲームを買《か》うつもりが、300円足《えんた》りずがまんする。
夏休《なつやす》み。海《うみ》に遊《あそ》びにいく。
宿題《しゅくだい》をし忘《わす》れ、てつやで仕上《しあ》げる。
片《かた》づけをしないでお母《かあ》さんにおこられる。
大人《おとな》コース
あこがれのゲームクリエイターになる。
はじめてのお給料《きゅうりょう》。昔好《むかしす》きだったゲームを大人買《おとなが》いする。
ゲーム開発《かいはつ》が大《おお》づめで夏休《なつやす》みはとりやめ。
仕事《しごと》で知《し》り合《あ》った声優《せいゆう》と結婚《けっこん》する。
開発《かいはつ》したゲームがヒット！人気《にんき》クリエイターとしてかつやくする。

好《す》きなことだけしていたい！

習《なら》い事《ごと》に行《い》きたくない、大好《だいす》きなゲームだけしていたい。そう思《おも》うことがあるかもしれない。そんなときは、なんでもいいから取《と》り組《く》めることをひとつ見《み》つけてほしいな。

いつもより10分《ぷん》早《はや》起《お》きするとか、ゲームをやるにしても、これまでより10分《ぷん》短《みじか》くするとか、小《ちい》さなことでいいんだ。続《つづ》けていくと、それが習慣《しゅうかん》となって、自分《じぶん》の自信《じしん》にもつながるよ。

そんなときは…

いつもより10分《ぷん》早《はや》く起《お》きてみた
いつもは見《み》られないテレビが見《み》られた
今日の星占い
1位★おうし座
お母《かあ》さんにほめられた
えらいね
好《す》きな子《こ》にあいさつされた
おはよー
なんだか自信《じしん》がついてきた気分《きぶん》もいい

こころ・からだ編《へん》

こんなとき どうする?

きょうだいと比《くら》べられるのがイヤ!

「お兄《にい》ちゃんはできたのに、あなたはできないんだね?」と言《い》われて悲《かな》しい……。

女《おんな》の子《こ》

きょうだいと比《くら》べられるのは、とても悲《かな》しいよね。よし、そんなときにきくおまじないを教《おし》えるから、さっそくとなえてみてね。

博士《はかせ》

自分《じぶん》は自分《じぶん》、人《ひと》は人《ひと》。ちがっていいんだよ！

きょうだいと比《くら》べられたら、イヤなのはあたりまえだよね。そんなときは「ジブンハジブン」ってとなえてみてほしい。

ぜったいに忘《わす》れないでほしいのは、「お兄《にい》ちゃんはお兄《にい》ちゃん、キミはキミ。みんなちがう人間《にんげん》」ってこと。そもそも人《ひと》はね、ちがっていてあたりまえなんだ。世界《せかい》には目《め》やはだの色《いろ》がちがったり、背《せ》が高《たか》かったり低《ひく》かったり、いろいろな人《ひと》がいるのは知《し》っているよね？

同《おな》じ親《おや》から生《う》まれたきょうだいだって、好《す》きな食《た》べものがちがうし、得意《とくい》なものだってちがうんだ。だからこそ、「キミらしさ」を大切《たいせつ》にしてほしい。キミはキミのままでいいんだよ。お兄《にい》ちゃんとちがっても、キミにはキミのよさがあることをぜったいに忘《わす》れないでね。

なんでボクはできないのかな
お兄《にい》ちゃんなんてきらい！
わかってもらえなくて悲《かな》しい
どうせボクなんか
考《かんが》え方《かた》をかえてみよう！
ジブンハジブン

人《ひと》と比《くら》べないようにするには

きょうだいだけではなく、友《とも》だちと自分《じぶん》を比《くら》べてしまうこともあるよね。「なんでも買《か》ってもらえていいな」とか「足《あし》が速《はや》くてリレーの選手《せんしゅ》になれるからうらやましい」とか、いろいろな気持《きも》ちをいだくかもしれない。そんなときも「ジブンハジブン」だ。

比《くら》べていいのは、まわりの人《ひと》ではなくて今《いま》までの自分《じぶん》。たとえば習《なら》い事《ごと》でも勉強《べんきょう》でも、1年前《ねんまえ》よりかくじつに成《せい》長《ちょう》しているはず。そのがんばりを自分《じぶん》でほめてあげるのが大切《たいせつ》だよ。

そんなときは…

今《いま》までの自分《じぶん》と比《くら》べる旅《たび》の始《はじ》まり
スタート
前《まえ》だけ見《み》よう
ここまで登《のぼ》れた
でも、始《はじ》めたときよりは上《うえ》にいる!
ときにはうまくいかないことも……
過去《かこ》の自分《じぶん》よりできていることを思《おも》い出《だ》す
だいぶ力《ちから》がついてきた!
あわてないジブンハジブン
ときにはふりかえり、きゅうけい
目標《もくひょう》としている自分《じぶん》へ
やったー!!

こころ・からだ編《へん》

こんなとき どうする？

勝負《しょうぶ》に負《ま》けてしまった……

サッカーのしあいで負《ま》けちゃった！くやしいなぁ。

男《おとこ》の子《こ》

おっ、それは残念《ざんねん》だったな。でも、「負《ま》けてくやしい」と思《おも》う気持《きも》ちって、じつは、がんばるエネルギーのもとになるんだよ。

博士《はかせ》

負《ま》けてくやしい気《き》持《も》ちを、次《つぎ》にいかそう！

負《ま》けたくない気《き》持《も》ちを持《も》つのは、悪《わる》いことではない。たとえばオリンピック選《せん》手《しゅ》も「次《つぎ》は負《ま》けたくない！」「ぜったい一番《いちばん》になる」って強《つよ》く思《おも》っているはずだよ。負《ま》けないためには、努力《どりょく》が大切《たいせつ》なんだ。「負《ま》けるとくやしい」という気《き》持《も》ちがあるキミならきっと、練習《れんしゅう》をがんばれるよ。

だんだん練習《れんしゅう》にも行《い》かなくなる
マンガ
どうせまた負《ま》けるからどうでもいい

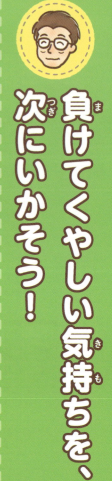

どんなにがんばっても、また負《ま》けてしまうかもしれない。「あんなにがんばったのに」って泣《な》きたくなるかもしれない。でも、だれにだって勝《か》つときもあれば、負《ま》けるときだってあるものなんだ。負《ま》けてくやしい思《おも》いをして、じたばたした経験《けいけん》は、次《つぎ》にかならずつながっていくよ。

くやしい気持《きも》ちを おちつかせたい！

そんなときは…

1 しんこきゅう してみよう

なにも考《かんが》えず、ゆっくり息《いき》をすって、はいてをくりかえしてみよう。ふしぎと気持《きも》ちがおちつくよ。

2 がんばれたところを自分《じぶん》でほめよう

負《ま》けてしまったとしても、がんばれたところや、うまくできたところがあるはず。そこをほめるのを忘《わす》れずにね！

ファイト!!
チームメイトへの声《こえ》かけはがんばった！

3 なんで負《ま》けたのか考《かんが》えてみよう

少《すこ》し気持《きも》ちがおちついてきたら、なにがたりなかったのか、考《かんが》えてみるといいね。これからの行動《こうどう》につながるよ。

もっと、ボールをうまくコントロールできるようにしなきゃ！

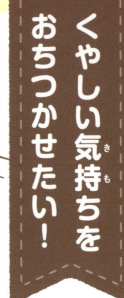

こころ・からだ編《へん》

どうする？ こんなとき

お父《とう》さんやお母《かあ》さんがスマホばかり見《み》ている！

スマホばっかりさわっていて、わたしの話《はなし》なんてちっとも聞《き》いてくれないの……。

女《おんな》の子《こ》

それはお父《とう》さんやお母《かあ》さんがよくないね。どうすればスマホを見《み》ないでいてくれるか、いっしょに考《かんが》えてみよう！

博士《はかせ》

「ボクのこと見《み》て！　話《はなし》を聞《き》いて！」ってはっきり言《い》おう！

キミはスマホをさわったことがあるかな？　ゲームができたり、動画《どうが》を見《み》ることができたりして、とても便利《べんり》でおもしろいものだよね。だけど、お父《とう》さんやお母《かあ》さんがスマホばかり見《み》ていて、自分《じぶん》の話《はなし》を聞《き》いてくれなかったり、自分《じぶん》のことを見《み》てくれなかったりしたら、やっぱりさびしいよね。そんなさびしい気持《きも》ちに、目《め》の前《まえ》でスマホをいじっているお父《とう》さんやお母《かあ》さんは、気《き》がついてさえいないかもしれない。

そんなときは思《おも》いきって「スマホはやめて、ボクのことを見《み》てよ！」「ちゃんと話《はなし》を聞《き》いて！」って言《い》ってごらん。きっと、お父《とう》さんやお母《かあ》さんはハッとして、キミの気持《きも》ちに気《き》がついてくれると思《おも》うよ。

スマホはやめて、
ボクの話《はなし》を聞《き》いて!!

ゲーム機《き》も会話《かいわ》をなくさせる！

ゲーム機《き》はインターネットにつなげば、友《とも》だちと同《おな》じ場所《ばしょ》にいてもいなくても、いっしょに楽《たの》しめるよね。でもそれだと、人《ひと》はどんどん会話《かいわ》をしなくなってしまうんだ。ましてや、同《おな》じ遊《あそ》びをしているのに、見《み》ているのは相手《あいて》の顔《かお》ではなくゲーム機《き》の画面《がめん》だなんて、ちょっとさびしいよね。家《いえ》の人《ひと》や友《とも》だちと「目《め》を見《み》て会話《かいわ》をする」のって、こころのきずなをつくるのにとても大切《たいせつ》なことなんだよ。

しーん…
そんなときは…
ピコ
ピコ
ピコ
ピコ
キミたちも気《き》づいたらこんなふうに、友《とも》だちと会話《かいわ》もなくゲームをやってないかな？

こころ・からだ編《へん》

こんなとき どうする？

家《いえ》に帰《かえ》りたくない！

お母《かあ》さんが勉強《べんきょう》しろってうるさいし、家《いえ》に帰《かえ》りたくないんだ！

男《おとこ》の子《こ》

家《いえ》に帰《かえ》りたくないなんて、つらいよな。どうしても帰《かえ》りたくないときはどうしたらいいか、これから説《せつ》明《めい》するね。

博士《はかせ》

しんらいできる大人《おとな》に思《おも》いきって相談《そうだん》しよう！

一番《いちばん》くつろげるはずの場所《ばしょ》に帰《かえ》りたくないって、つらい気持《きも》ちだよね。どうして帰《かえ》りたくないと思《おも》うのか、なんとなく理由《りゆう》はわかるかな？　まずは担任《たんにん》の先生《せんせい》や保健室《ほけんしつ》の先生《せんせい》、スクールカウンセラーなど、キミがしんらいできる大人《おとな》に話《はな》してみよう。キミの話《はなし》を聞《き》いてくれて、どうしたらいいか考《かんが》えてくれる人《ひと》がきっといるはずだよ。とにかくひとりでかかえこむのはやめてほしいな。

思《おも》いもよらない
解決策《かいけつさく》が
わかるかも！

しんらいできる大人《おとな》に、
思《おも》いきって相談《そうだん》をしてみたら……

「家《いえ》に帰《かえ》りたくない」なんてだれかに話《はな》すのは勇気《ゆうき》がいることかもしれない。でも、一《いっ》歩《ぽ》ふみだしたら、きっと気《き》持《も》ちがラクになるからね。

どんな人《ひと》に相談《そうだん》したらいいかな？

まわりにいる大人《おとな》を考《かんが》えてみよう！

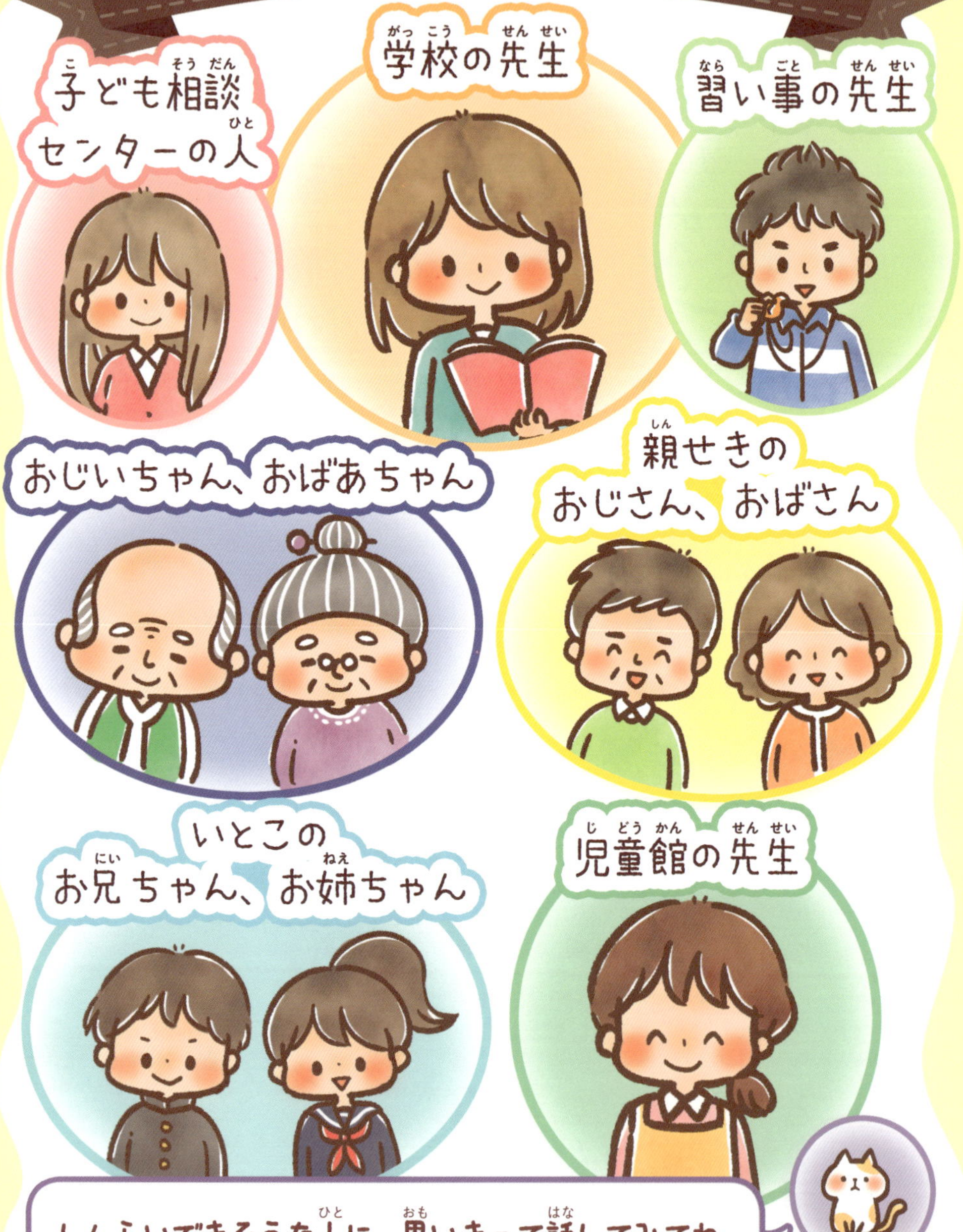
子《こ》ども相談《そうだん》センターの人《ひと》
学校《がっこう》の先生《せんせい》
習《なら》い事《ごと》の先生《せんせい》
おじいちゃん、おばあちゃん
親《しん》せきのおじさん、おばさん
いとこのお兄《にい》ちゃん、お姉《ねえ》ちゃん
児童館《じどうかん》の先生《せんせい》

しんらいできそうな人《ひと》に、思《おも》いきって話《はな》してみてね。

こころ・からだ編《へん》

どんなとき どうする？

美人《びじん》になりたい！ カッコよくなりたい！

もっと美人《びじん》になりたいんだ。博士《はかせ》、どうしたらいいのかな？

女《おんな》の子《こ》

そもそも〝美人《びじん》〟ってどういう人《ひと》のことだと思《おも》う？　人《ひと》の印象《いんしょう》って表情《ひょうじょう》でも変《か》わるものなんだってことを、まずは知《し》ってほしいな。

博士《はかせ》

美《うつく》しいこころが、美《うつく》しい表情《ひょうじょう》をつくるよ！

「友《とも》だちの花子《はなこ》ちゃんのようなパッチリした目《め》に生《う》まれたかったなあ」などと思《おも》うことって、だれにでもあるよね。

顔《かお》のバランスを根本的《こんぽんてき》に変《か》えるのはむずかしいけれど、人《ひと》にあたえる印象《いんしょう》って「美人《びじん》かどうか」は重要《じゅうよう》ではないんだよ。大事《だいじ》なのは表情《ひょうじょう》。おこった表情《ひょうじょう》をしている美《び》

人《じん》より、いつもにこやかで明《あか》るい表情《ひょうじょう》でいる人《ひと》のほうが相手《あいて》にいい印象《いんしょう》をあたえるよ。

こころとからだはつながっていて、きれいなこころがきれいな表情《ひょうじょう》をつくるんだ。だから、「美人《びじん》になりたい」と思《おも》うのなら、やさしい気持《きも》ち、前向《まえむ》きな気持《きも》ちを大切《たいせつ》に、こころを美《うつく》しくみがいてみてはどうかな。

ステキな 笑《え》顔《がお》のつくり方《かた》

笑顔《えがお》って、いざつくろうと思《おも》うとむずかしいよね。

鏡《かがみ》を見《み》ながら、家《いえ》で練習《れんしゅう》してみよう！

その1 上《うえ》の歯《は》が見《み》えるように「イ」の形《かたち》で口《くち》をよこにひらく

その2 ほっぺたをキュッと上《あ》げるように、口角《こうかく》（くちびるのりょうわき）を上《あ》げる

その3 楽《たの》しいことを思《おも》い出《だ》しながら、目元《めもと》をやさしくする

こころ・からだ編《へん》

こんなときどうする？

きんちょうしないようにしたい！

学芸会《がくげいかい》、きんちょうするなあ。セリフを忘《わす》れちゃいそうだよ。

男《おとこ》の子《こ》

人間《にんげん》ってね、きんちょうするからこそ成長《せいちょう》できるんだ。きんちょうとうまくつきあう方法《ほうほう》を教《おし》えてあげよう。

博士《はかせ》

「だいじょうぶ、わたしならできる」と自分《じぶん》を信《しん》じて!

運動会《うんどうかい》やサッカーの試合《しあい》、ピアノの発表会《はっぴょうかい》、テストなど、きんちょうする場面《ばめん》っていろいろあるよね。自分《じぶん》にとって苦手《にがて》なことだったり、どうしても失敗《しっぱい》したくないことだったりするときに、人《ひと》はきんちょうするものなんだ。

でもそれは悪《わる》いことじゃない

オレさまは
きんちょう大魔王《だいまおう》!!
うひひひー!!
きんちょうしろー!!
バク
バク

だいじょうぶ、わたしなら
できる！
だいじょうぶマンが来《き》て、きんちょう大魔王《だいまおう》をやっつけてくれた！
失敗《しっぱい》しても平気《へいき》さ！ がんばりを見《み》せるんだ～!!
だいじょうぶマン登場《とうじょう》!!

よ。そのきんちょうを乗《の》りこえて本番《ほんばん》をやりきるけいけんが、人《ひと》を成長《せいちょう》させてくれるんだ。

　きんちょうしたときの魔《ま》法《ほう》の言葉《ことば》を教《おし》えるね。「だいじょうぶ、わたしならできる」だよ。さあ、こころの中《なか》でつぶやいてごらん。

　博士《はかせ》からも言《い》うよ。「だいじょうぶ、キミならできる」。

胸《むね》がドキドキしたら

そんなときは…

きんちょうすると、なんだかそわそわしたり、胸《むね》がドキドキしたりするよね。そうなると、なんとなくこきゅうがしづらくなって、よけいに気《き》持《も》ちもおちつかなくなるんだ。だからそんなときは、おなかからゆっくり「ふーっ」と長《なが》く息《いき》をはいてみて。自然《しぜん》なこきゅうができるようになって、ふしぎと気《き》持《も》ちがおちついてくるよ。

　ほどよいきんちょう感《かん》が、いい結果《けっか》にむすびつくから、自分《じぶん》を信《しん》じてがんばろうね！

こころ・からだ編《へん》

どうする? こんなとき

自分《じぶん》がイヤになることがある

算数《さんすう》も苦手《にがて》だし、かけっこもおそいし、自分《じぶん》がイヤになっちゃった。

女《おんな》の子《こ》

さてはキミはまだ、自分《じぶん》のいいところに気《き》づいていないのかな? さっそく自分《じぶん》のいいところをさがす方法《ほうほう》を教《おし》えよう!

博士《はかせ》

ちょっとでもがんばっている ところをさがしてみて！

「なにをやってもぜんぜんうまくできないし、自分《じぶん》なんてきらいだ！」。キミもそんなふうに感《かん》じたことがあるかもしれない。でもね、だれにでもかならずいいところがあるんだよ。

まずは紙《かみ》とペンを用意《ようい》して、自分《じぶん》ががんばっていること、少《すこ》しでもできたことを書《か》き出《だ》してみよう。どんなに小《ちい》さなことでもいいんだ。「このまえ、太郎《たろう》くんが落《お》とした消《け》しゴムを拾《ひろ》ってあげた」とか「金魚《きんぎょ》のエサやりは毎日《まいにち》忘《わす》れずにやっている」とか、「ごはんを残《のこ》さずに食《た》べている」とか、なんだっていいんだ。

消《け》しゴムを拾《ひろ》ってあげられたのは、キミのやさしさのあらわれだ。金《きん》魚《ぎょ》だってキミがエサを毎日《まいにち》忘《わす》れずにやっているから、元気《げんき》でいられる。ごはんを残《のこ》さず食《た》べたら、つくってくれた人《ひと》はきっと喜《よろこ》んでくれているはずだよ。

こうして考《かんが》えると、もっと自分《じぶん》を好《す》きになれそうな気《き》がしてこないかな？　だれにでもいいところが、かならずあるからね！

どうしたら「いいところ」を見《み》つけられる？

人《ひと》の性格《せいかく》は、ある面《めん》からはマイナスに見《み》えても、別《べつ》の面《めん》からはプラスに見《み》えたりもするんだ。キミのプラスの面《めん》はなにかな？

変《か》わり者《もの》
↓
ユニーク、個性的《こせいてき》

お調子者《ちょうしもの》
↓
明《あか》るい、ユーモアがある

おせっかい
↓
めんどうみがよい

おしゃべり
↓
社交的《しゃこうてき》、話《はな》し上手《じょうず》

あきっぽい
↓
好奇心《こうきしん》おうせい

細《こま》かい
↓
しっかりもの

泣《な》き虫《むし》
↓
涙《なみだ》もろい、心《こころ》やさしい

気《き》が弱《よわ》い
↓
思《おも》いやりがある

第《だい》2章《しょう》

友《とも》だち

学《がっ》校《こう》

編《へん》

マンガ 「子《こ》どもにもなやみはある!」の巻《まき》

友《とも》だちとケンカしちゃった!

こんなとき どうする?

つい昨日《きのう》も友《とも》だちとケンカしちゃって、すごくイヤな気分《きぶん》なんだ!

男《おとこ》の子《こ》

どんなに仲《なか》がよくてもケンカはするものなんだよ。それじゃ、上手《じょうず》に仲直《なかなお》りする方法《ほうほう》をいっしょに考《かんが》えてみないか?

博士《はかせ》

勇気《ゆうき》を出《だ》して「あやまる」「ゆるす」がかっこいいよ。

ケンカを思《おも》い出《だ》してみて。キミは悪《わる》いことをしてしまった（言《い》ってしまった）と思《おも》う？

もしもそう思《おも》うのなら、勇気《ゆうき》を出《だ》して「ごめんね」と言《い》ってみよう。きちんとあやまれるのは、すごくかっこいいことだよ。「ごめんね」ができた自分《じぶん》を、ほこらしく思《おも》ってほしい。

仲直《なかなお》り上手《じょうず》な勇者《ゆうしゃ》の物語《ものがたり》
友《とも》だちとケンカした!!
とぼ
とぼ
勇気《ゆうき》のつるぎを手《て》にいれた!

もし自分《じぶん》が悪《わる》いとは思《おも》えなくても、次《つぎ》の日《ひ》には明《あか》るくあいさつをしてみよう。相手《あいて》を「ゆるす」ことも勇気《ゆうき》がいる。でも、それが仲直《なかなお》りへの近道《ちかみち》なんだ。「あやまる」「ゆるす」ができる人《ひと》が、こころが強《つよ》くてかっこいいってことを忘《わす》れないでね。

友《とも》だちA《エー》と友《とも》だちB《ビー》がケンカした

ケンカをとめるのって、とても勇気《ゆうき》がいるよね。でも、とめずににげてしまったら、もっともやもやしてしまうかもしれないよ。

だから、もしキミができそうなら、A《エー》くんとB《ビー》くんの間《あいだ》に入《はい》って、ふたりの気持《きも》ちを聞《き》いてみてあげてほしい。そのときは、どっちの味方《みかた》にもならずに話《はなし》を聞《き》いてあげるのがポイントだよ。ケンカをしている人《ひと》は、だれかに気持《きも》ちを聞《き》いてもらえるだけでも気分《きぶん》がおちつくんだ。そして、キミが間《あいだ》に入《はい》ってふたりの話《はなし》を聞《き》くことで、おたがい相手《あいて》の気持《きも》ちをりかいしやすくなるよ。

そんなときは…

A《エー》くんはなにがイヤだったの？
ヨダレをたらしちゃって……
それを笑《わら》われたんだ！
A《エー》くん
B《ビー》くん

友《とも》だちにいじわるされた!

どこんなときうする?

このまえ、わたしの教科書《きょうかしょ》に友《とも》だちが落《らく》書《が》きしたの。いじわるされて悲《かな》しい!

女の子《おんなのこ》

もしかしたら、キミがイヤな思《おも》いをしたことに気《き》づいていないかもしれないね。どうしたらやめてくれるか、考《かんが》えてみよう。

博士《はかせ》

強《つよ》いこころで「やめて！」とはっきり言《い》おう。

もっと
やっちゃえ～！

もしかしたら友《とも》だちは、軽《かる》いいたずらのつもりだっただけで、キミがイヤな気《き》持《も》ちになっていることに気《き》づいていないかもしれない。だから、勇気《ゆうき》をふりしぼって「イヤだからやめて！」とはっきり言《い》おう。「イヤだ」「やめて」と言《い》えるのは、キミに強《つよ》

言《い》えないと……

いこころがあるしょうこだよ。でも、どうしても「やめて」と言《い》えないこともあると思《おも》う。そんなときは先生《せんせい》や家《いえ》の人《ひと》に相談《そうだん》してみよう。相談《そうだん》するのは全然《ぜんぜん》はずかしいことじゃないよ。

いじわるは「いじめ」につながることもある。だからこそ、勇気《ゆうき》を持《も》って「やめて！」と言《い》ったり、大人《おとな》に相《そう》談《だん》したりするのが大切《たいせつ》だよ。

友《とも》だちにいじわるしたら、こころが「もやっ」とするのはなぜ？

もやもや大魔王《だいまおう》に
とりつかれるまえに
いじわるはやめよう！
あっちいけー！
もや
もや
もや

もやっとするのは、キミが悪《わる》い子《こ》じゃないからだよ。これからはもう、いじわるするのはやめようね。

好《す》きな子《こ》につい、いじわるしたくなることもあると思《おも》う。かまってほしくていじわるしちゃうのかもしれないけれど、そんなことをしたら、相手《あいて》はいつかキミのことをきらいになってしまうよ。すなおに「いっしょに遊《あそ》ぼう！」と声《こえ》をかけるのが、その子《こ》と仲《なか》よくなれる一番《いちばん》の方法《ほうほう》だよ。

友《とも》だち・学校《がっこう》編《へん》

仲《なか》よしの友《とも》だちにお金《かね》を貸《か》してと言《い》われた！

こんなとき どうする？

仲《なか》よしだから
ことわりづらいんだ。
どうしよう？

どんなに仲《なか》よしでも、お金《かね》はぜったいに貸《か》したらダメ！友《とも》だちだからこそ、はっきりと伝《つた》えなきゃいけないよ。

男《おとこ》の子《こ》

博士《はかせ》

どんなに仲《なか》よしでも お金《かね》を貸《か》してはダメ！

お金《かね》の流《なが》れ
¥10000
1 お父《とう》さん、お母《かあ》さんが仕事《しごと》をする
PC
2 お給料《きゅうりょう》が支払《しはら》われる
通帳《つうちょう》
給料《きゅうりょう》

モノなら貸《か》していい場合《ばあい》もあるけれど、お金《かね》はぜったいにダメ。「持《も》っていないから無理《むり》だよ！」などとキッパリことわろう。

おこづかいをもらっている友《とも》だちもいれば、もらっていない友《とも》だちもきっといる。おこづかいをもらっていても、すぐに

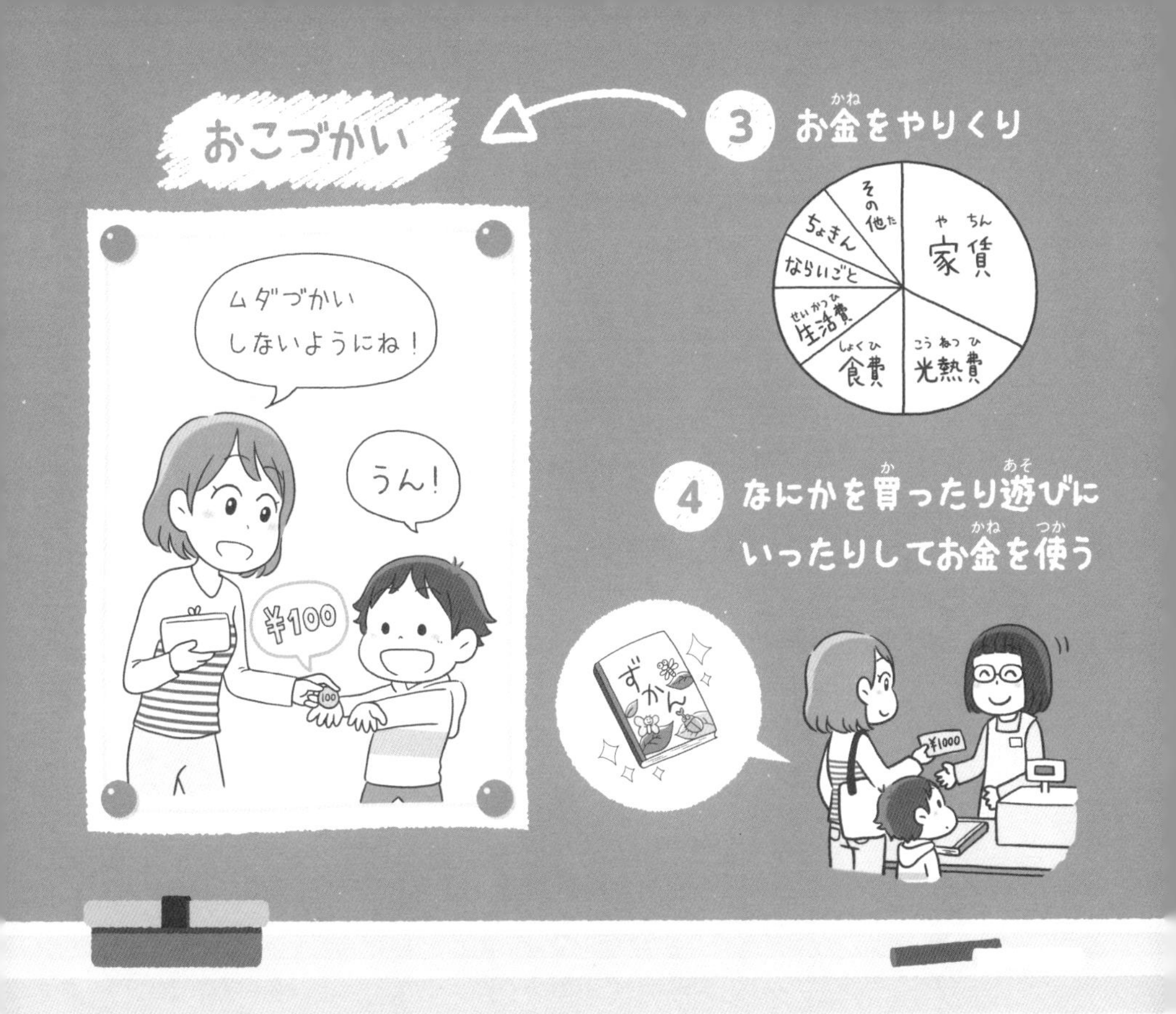

に使《つか》ってしまったのかもしれない。それぞれの家《いえ》の人《ひと》の考《かんが》え方《かた》があって、キミたちにお金《かね》をわたしてくれているんだ。だから、キミも友《とも》だちも、決《き》められたお金《かね》の中《なか》でやりくりしていかなければいけない。

お金《かね》は家《いえ》の人《ひと》がいっしょうけんめい仕《し》事《ごと》をして、かせいできたもの。だからよく考《かんが》えて大《たい》切《せつ》に使《つか》おうね。

貸《か》したゲームが返《かえ》ってこない！

友《とも》だちだからこそ、返《かえ》してって言《い》いづらく感《かん》じるのかな？「もしかしたら明日《あした》返《かえ》してくれるかも？」とか「返《かえ》してって言《い》ったらおこるかな？」とか、いろいろ考《かんが》えてしまうのかもしれないね。でも自分《じぶん》のゲームなのに、自分《じぶん》がやりたいときに遊《あそ》べないなんておかしいよね？借《か》りたものは返《かえ》すのがマナー。はっきりと「返《かえ》して」って言《い》うべきだよ。

"返《かえ》して"ってなぜか言《い》いづらいな……
ゲームを→返《かえ》してくれない友《とも》だち
でも!!
また いっしょに やろうよ
そろそろ返《かえ》してもらってもいい？
ゴメンね！忘《わす》れてた!!
ゲーム

そんなときは…

貸《か》すときのコツ！
土曜日《どようび》に返《かえ》してね！
ゲーム

かならずいつまでに返《かえ》してもらうか約束《やくそく》しよう。

友《とも》だち・学校《がっこう》編《へん》

友《とも》だちの顔《かお》にハナクソがついていた！

どんなときどうする？

つい笑《わら》っちゃったらおこるよね？どう伝《つた》えればいいのかな。

女《おん》の子《こ》

友《とも》だちとうまくつき合《あ》うには、自分《じぶん》がやられたらイヤなことはしないことが大切《たいせつ》。自分《じぶん》ならどうしてほしいかを、よく考《かんが》えてみよう！

博士《はかせ》

だれにも見《み》つからないよう、こっそり教《おし》えてあげよう！

だれでもハナクソのひとつやふたつ、顔《かお》についていることはある。仲《なか》のよい友《とも》だちとだと、「ハナクソついてるぞ〜！」とついからかってしまいそうになるけれど、自分《じぶん》がそれをされたらどう思《おも》うかな？

想像《そうぞう》してみよう。すごく仲《なか》のよい友《とも》だちだけに見《み》られるならまだいいけれど、その場《ば》に好《す》きな子《こ》がいたら？　みんなに見《み》られてクラス中《じゅう》に笑《わら》われたら？　へんなニックネームでよばれるようになったら？　ぜったいにイヤな気持《きも》ちになると思《おも》う。だからそういうときは、ほかの友《とも》だちに見《み》えない角度《かくど》に顔《かお》を向《む》けてもらってから、「なにかついているよ」とこっそり教《おし》えてあげるのが一番《いちばん》やさしいね。

あはは
クスクス
?
笑《わら》われてる……?
しょんぼり…
教《おし》えてあげない
?
ハナクソ
こっそり教《おし》えてあげる！
鼻《はな》になにかついてるよ
えっ
こそっ
ありがとう！
だれにも笑《わら》われないね！

じゅぎょう中《ちゅう》、トイレに行《い》きたくなっちゃった！

じゅぎょう中《ちゅう》、みんなの前《まえ》で先生《せんせい》に「トイレに行《い》きたいです」って言《い》うのは、少《すこ》し勇気《ゆうき》のいることだよね。「友《とも》だちにからかわれるんじゃないかな？」とか「笑《わら》われたらどうしよう」とか、不安《ふあん》に思《おも》うかもしれない。でも、がまんできずにもらしてしまうほうが、もっとはずかしいよね？

トイレに行《い》くのは人《ひと》としてあたりまえのこと。だれでも同《おな》じだよ。休《やす》み時間《じかん》にトイレをすませておくのが一番《いちばん》だけど、じゅぎょう中《ちゅう》にどうしてもがまんできなくなったら、はっきりと先生《せんせい》に言《い》おう。

そんなときは…

さぁ！ どっちがいい？

A トイレをがまん

B 先生《せんせい》に言《い》う

友《とも》だち・学校《がっこう》編《へん》

好《す》きになれない（苦手《にがて》な）子《こ》がいる

どうする？（こんなとき）

先生《せんせい》は「みんなと仲《なか》よくしましょう」とか言《い》うけど……。

男《おとこ》の子《こ》

どうしても気《き》の合《あ》わない人《ひと》がいるのはしかたがないことさ。ケンカする必要《ひつよう》もないし、うまくつき合《あ》っていく方法《ほうほう》を考《かんが》えてみよう。

博士《はかせ》

仲《なか》よくできなくてもだいじょうぶ。でも悪口《わるぐち》はやめよう！

学校《がっこう》では仲《なか》のよい友《とも》だちだけと行動《こうどう》できるわけじゃない。話《はな》しづらい子《こ》とグループになったり、苦手《にがて》な子《こ》といっしょの係《かかり》になったりすることもある。

苦手《にがて》な人《ひと》や考《かんが》え方《かた》が合《あ》わない人《ひと》がいるのはふつうのこと。無理《むり》に仲《なか》よくする必要《ひつよう》はないけれど、その子《こ》の悪口《わるぐち》を言《い》うのはぜったいにやめよう。仲間《なかま》のひとりとして、できるだけ笑顔《えがお》で話《はな》すように心《こころ》がけていれば、だんだんとおたがいの気持《きも》ちがほぐれていくよ。

それに、まだキミが気《き》づいていないだけで、その子《こ》にもいいところがあるはずだ。ふとしたことで、その子《こ》を好《す》きになるかもしれないよ。

いつもぶあいそうな
C《シー》くん。でもクラスで
育《そだ》てている花《はな》への
水《みず》やりは忘《わす》れない。
3-1
泣《な》き虫《むし》のD《ディー》ちゃん。
でも音楽《おんがく》が大好《だいす》きで歌《うた》が
とっても上手《じょうず》。
表《おもて》には
見《み》えないところも
あるけれど
みんないいところが
たくさん!!
いつもふざけているE《イー》くん。
でも毎日楽《まいにちたの》しそうで、
いっしょにいると笑顔《えがお》になる。
おせっかいなF《エフ》ちゃん。
でもそれは、妹《いもうと》と弟《おとうと》がいる
お姉《ねえ》さんだからなのかも。

じこしょうかいをしてみよう！

連想《れんそう》しながら、もっとじこしょうかい！

紙《かみ》とペンを用意《ようい》して、まんなかに自分《じぶん》を描《えが》いてね。そこから枝《えだ》をのばすように線《せん》を書《か》いて、名《な》前《まえ》、ゆめ、好《す》き、得意《とくい》、苦手《にがて》なことなどを書《か》きこんでいくよ。連想《れんそう》ゲームのように、思《おも》いついたことをどんどん書《か》いていくのがポイント！　思《おも》いもしない自《じ》分《ぶん》がわかるかも？

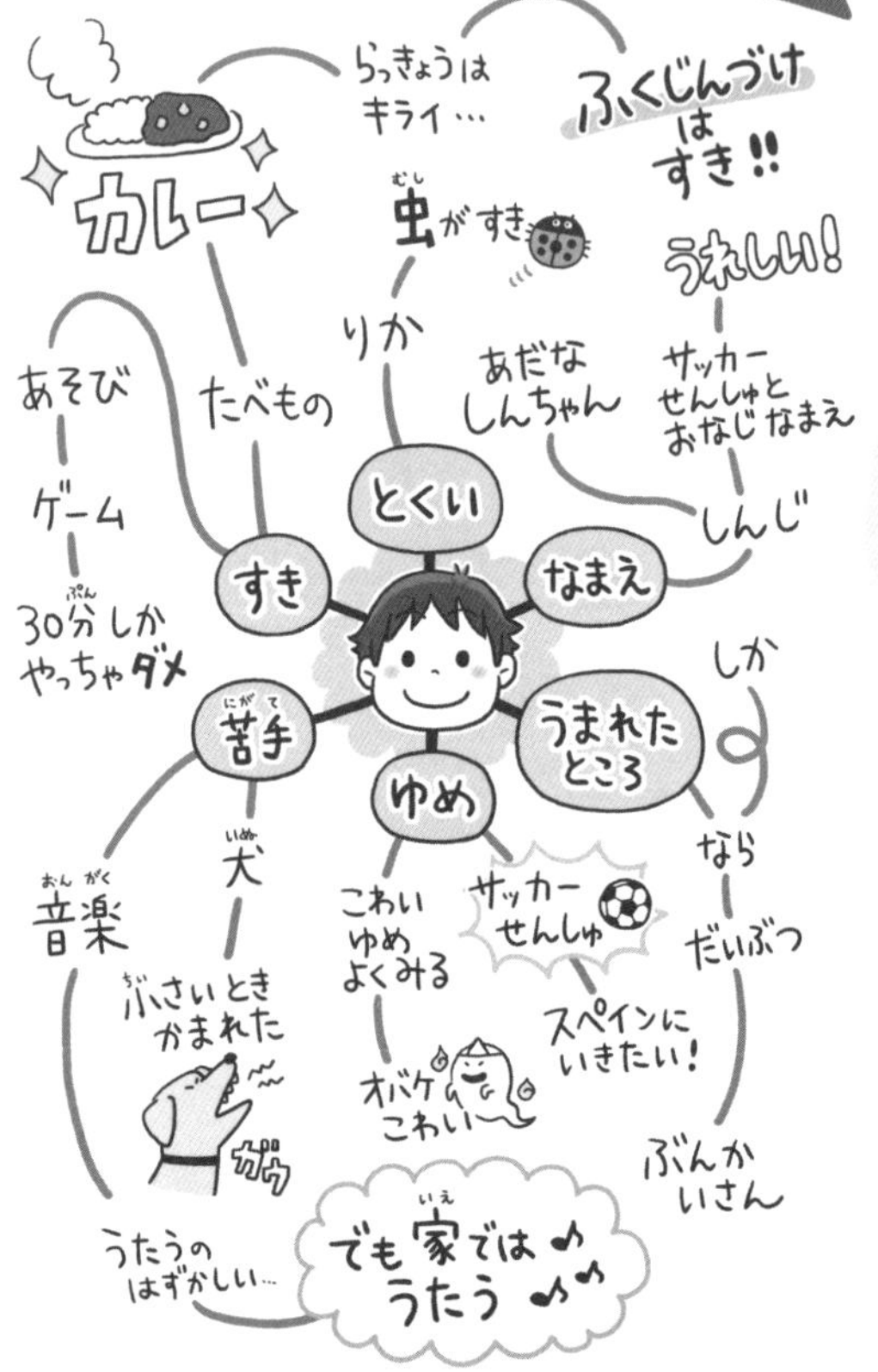

相手《あいて》がどんな人《ひと》かよくわからないと、なんとなく「苦手《にがて》」と感《かん》じることがあるんだ。だから、じこしょうかいし合《あ》うと、意外《いがい》な共通点《きょうつうてん》に気《き》づけて、相手《あいて》とのきょりがちぢまることがあるよ。

自分《じぶん》の好《す》きなもの、得《とく》意《い》なことなどをおたがいに話《はな》そう。そして気《き》になることがあったら、どんどん質問《しつもん》してみると、苦《にが》手《て》な気持《きも》ちも少《すこ》しやわらいでいくかもしれないよ。

友《とも》だち・学校《がっこう》編《へん》

友《とも》だちに言《い》いたいことが言《い》えない

こんなときどうする？

自分《じぶん》の意見《いけん》を言《い》えなくて、いつも友《とも》だちに合《あ》わせちゃうんだ……。

女《おんな》の子《こ》

ちがう意見《いけん》を言《い》ったら、友《とも》だちにきらわれてしまうと感《かん》じているのかな？　うまく自分《じぶん》の気持《きも》ちを伝《つた》える練習《れんしゅう》をしてみよう。

博士《はかせ》

オドオドさん、ズケズケさん、さわやかさん……キミはどれ？

とくちょう

- 言《い》いたいことをがまんする
- 自分《じぶん》の気持《きも》ちをかくす
- ペットにしか本音《ほんね》を話《はな》せない
- なんとなくさみしい

オドオドさん

いつもがまんしてまわりに合《あ》わせてばかりいるのは、こころが「オドオドさん」に支配《しはい》されているじょうたい。自分《じぶん》の気持《きも》ちにウソをつくのって、ハッピーなことではないよね？

だからといって、「ズケズケさん」のように、なんで

とくちょう

- 相手《あいて》の気持《きも》ちをよく考《かんが》える
- 発言《はつげん》するときに言葉《ことば》を選《えら》ぶ
- がまんしすぎない
- とにかくさわやか

さわやかさん

ズケズケさん

とくちょう

- 言《い》いたいことを言《い》うのが正義《せいぎ》
- 相手《あいて》の気持《きも》ちを考《かんが》えない
- ケンカになることが多《おお》い
- まわりに苦手《にがて》と思《おも》われている

もかんでも言《い》いたいことを言《い》っていいわけではない。言《い》い方《かた》をまちがえると、友《とも》だちをきずつけてしまうことだってあるんだよ。

「さわやかさん」のように、友《とも》だちをきずつけない言葉《ことば》を選《えら》んで、自分《じぶん》の気《き》持《も》ちを上手《じょうず》に伝《つた》えられたら、みんながハッピーだよね。「さわやかさん」をめざして、キミもがんばってみて。

×クイズ○

どの言《い》い方《かた》だと伝《つた》わるかな？

Q 友《とも》だちに「サッカーしようぜ」とさそわれたキミ。でも今日《きょう》は家《いえ》に帰《かえ》ってゲームをしたい気分《きぶん》。上手《じょうず》にことわるには、なんて返事《へんじ》をするのがいいと思《おも》う？

A《エー》 「サッカーなんかしたくないよ！」と友《とも》だちのさそいをことわる

B《ビー》 「う、うん。サッカーやりたかったんだ」とウソをついてがまんする

C《シー》 「今日《きょう》はサッカーじゃなくてゲームがしたいんだ。サッカーは明日《あした》にしない？」と提案《ていあん》する

こたえは **C**《シー》

「今日《きょう》はゲームをやりたい」という自分《じぶん》の気持《きも》ちを伝《つた》えながら、「明日《あした》ならサッカーをする」と友《とも》だちの気持《きも》ちを大切《たいせつ》にできているのがとてもいいね。こんなことわり方《かた》なら、自分《じぶん》も友《とも》だちもハッピーだよ！

友《とも》だち・学校《がっこう》編《へん》

勉強《べんきょう》なんてしたくない！

どうする？こんなとき

勉強《べんきょう》なんてつまんない。なんで子《こ》どもは勉強《べんきょう》しなくちゃいけないの？

男《おとこ》の子《こ》

覚《おぼ》えることだけが勉強《べんきょう》じゃないんだよ。勉強《べんきょう》はキミがこれから生《い》きていくための力《ちから》になっていくからね。

博士《はかせ》

勉強《べんきょう》をとおして考《かんが》えることが、生《い》きていく力《ちから》になるよ。

キミたちはこれから大人《おとな》になっていくよね？　人生《じんせい》にはいろいろな問題《もんだい》が起《お》きることがあって、お父《とう》さんやお母《かあ》さん、先生《せんせい》などにたよらずに、自分《じぶん》で解決《かいけつ》していかなければならないときも、この先《さき》かならず出《で》てくるんだ。

今《いま》は足《た》し算《ざん》のしかたや漢字《かんじ》

大《おお》きくなってからいろいろな場面《ばめん》で
キミを助《たす》けてくれるよ！

を覚《おぼ》えることが「勉強《べんきょう》」と感《かん》じているかもしれない。でも一番《いちばん》大切《たいせつ》なのは、覚《おぼ》えることではなくて、そういった勉強《べんきょう》をとおして物事《ものごと》を考《かんが》える力《ちから》を身《み》につけていくことなんだ。

「どうしてだろう?」「どうやったら答《こた》えがでるかな?」と、覚《おぼ》えたちしきを使《つか》いながら考《かんが》えをめぐらせることは、かならずキミが「生《い》きていくための力《ちから》」になっていくよ。

理科《りか》がこんなところに！

作文《さくぶん》がこんなところに！

算数《さんすう》がこんなところに！

音楽《おんがく》がこんなところに！

勉強《べんきょう》ってなんだろう？

人生《じんせい》を草花《くさばな》にたとえるなら、今《いま》は種《たね》をまいたばかりのじょうたい。きれいな花《はな》をさかせるにはどうしたらいいか、考《かんが》えるきっかけをくれるのが勉強《べんきょう》だよ。

好《す》きになれない（苦手《にがて》な）先生《せんせい》がいる

どんなときどうする？

どうしても好《す》きになれない先生《せんせい》がいるんだけど、よくないことかな？

女《おんな》の子《こ》

そう思《おも》うのにはきっと理由《りゆう》があるんだろうね。そんなときはどうしたらいいか、いっしょに考《かんが》えてみよう。

博士《はかせ》

家《いえ》の人《ひと》に相談《そうだん》して、解決策《かいけつさく》を考《かんが》えよう！

毎日《まいにち》かよう学校《がっこう》の先生《せんせい》を好《す》きになれないと感《かん》じる。それはキミにとって、とてもつらいことだと思《おも》う。小《ちい》さいころから「人《ひと》をきらいになるのは悪《わる》いこと」と言《い》われてきた子《こ》もいると思《おも》うけれど、人《ひと》には相性《あいしょう》があるものなんだ。だから、先生《せんせい》とはいえ、好《す》きになれないというのはおかしいことではないから、安心《あんしん》してだいじょうぶだよ。

まずは、話《はな》しづらいかもしれないけれど、きらいな理《り》由《ゆう》もふくめて家《いえ》の人《ひと》に相《そう》談《だん》してみたらどうかな。きらいになったきっかけがあれば、その出来事《できごと》を話《はな》してみるといいね。自分《じぶん》では思《おも》いつかない解《かい》決策《けつさく》を、考《かんが》えてくれるかもしれないよ。

でも、もしきらいな理由《りゆう》が「先生《せんせい》が男《おとこ》だから」とか「太《ふと》っているから」とかならば、考《かんが》え直《なお》してほしい。相手《あいて》が大人《おとな》でも、外見《がいけん》のことを悪《わる》く言《い》ってはいけないよ。だれにでも、いいところと悪《わる》いところがあるんだ。

自分《じぶん》をせめちゃダメ！

いつもボクにどなってくるんだっ
アレー

大人《おとな》に相談《そうだん》してどうしたらいいかを考《かんが》えよう！

学校《がっこう》に行《い》きたくない……

そんなときは…

行《い》きたくない理由《りゆう》がきっとあるんだね。まずは家《いえ》の人《ひと》や、スクールカウンセラーに相談《そうだん》しよう。友《とも》だちとの関係《かんけい》になやんでいるのか、先生《せんせい》におこられるのがイヤなのか、勉強《べんきょう》がむずかしいからなのか、理由《りゆう》によって解決方法《かいけつほうほう》は変《か》わるけれど、相談《そうだん》したらきっとキミの力《ちから》になってくれるよ。

ただ、少《すこ》しでもがんばれるのなら、なるべく登校《とうこう》するといいなと思《おも》う。それはね、休《やす》み続《つづ》けてしまうと、ますます行《い》きづらくなることもあるからなんだ。まずは学校《がっこう》に行《い》く練習《れんしゅう》をがんばってみてね。

第《だい》3章《しょう》

自《し》然《ぜん》

生《い》き物《もの》

編《へん》

マンガ 「なぜいろいろな生《い》き物《もの》がいるの?」の巻《まき》

自然《しぜん》・生《い》き物《もの》編《へん》

どんなときどうする?

昆《こん》虫《ちゅう》をさわれない!

そのせいで友《とも》だちにいっつもからかわれちゃうんだ……。

男《おとこ》の子《こ》

小《ちい》さいときはキミもきっとさわっていたはずだよ。昆虫《こんちゅう》っておもしろい生《い》き物《もの》だって知《し》っているかな?

博士《はかせ》

昆虫《こんちゅう》のおもしろさを知《し》るとさわれるかも！

キミが昆虫《こんちゅう》を苦手《にがて》だと感《かん》じるのは、なんとなく気《き》持《も》ち悪《わる》いとか、さされそうでこわいとか、いろいろな理由《りゆう》があるかもしれない。

でもよく考《かんが》えてみて。昆虫《こんちゅう》のほうがキミよりずっと小《ちい》さいし、キミになにかしてやろうと思《おも》っているわけではない。昆虫《こんちゅう》って本当《ほんとう》にふしぎで、おもしろい生《い》き物《もの》。た

とえば行列《ぎょうれつ》をつくるアリたちは、食《た》べ物《もの》を見《み》つけると、からだからにおいを出《だ》し、地面《じめん》にしるしをつける。そして、そのにおいをたよりに仲間《なかま》のアリたちが食《た》べ物《もの》に向《む》かう。一匹《いっぴき》だけでは生《い》きていけないから、集団《しゅうだん》で動《うご》くんだ。

こんなふうに昆虫《こんちゅう》たちのおもしろい習性《しゅうせい》を知《し》ると、少《すこ》しきょうみがわいてこないかな？　そうやって観察《かんさつ》しているうちに、だんだんとさわれるようになってくるよ。

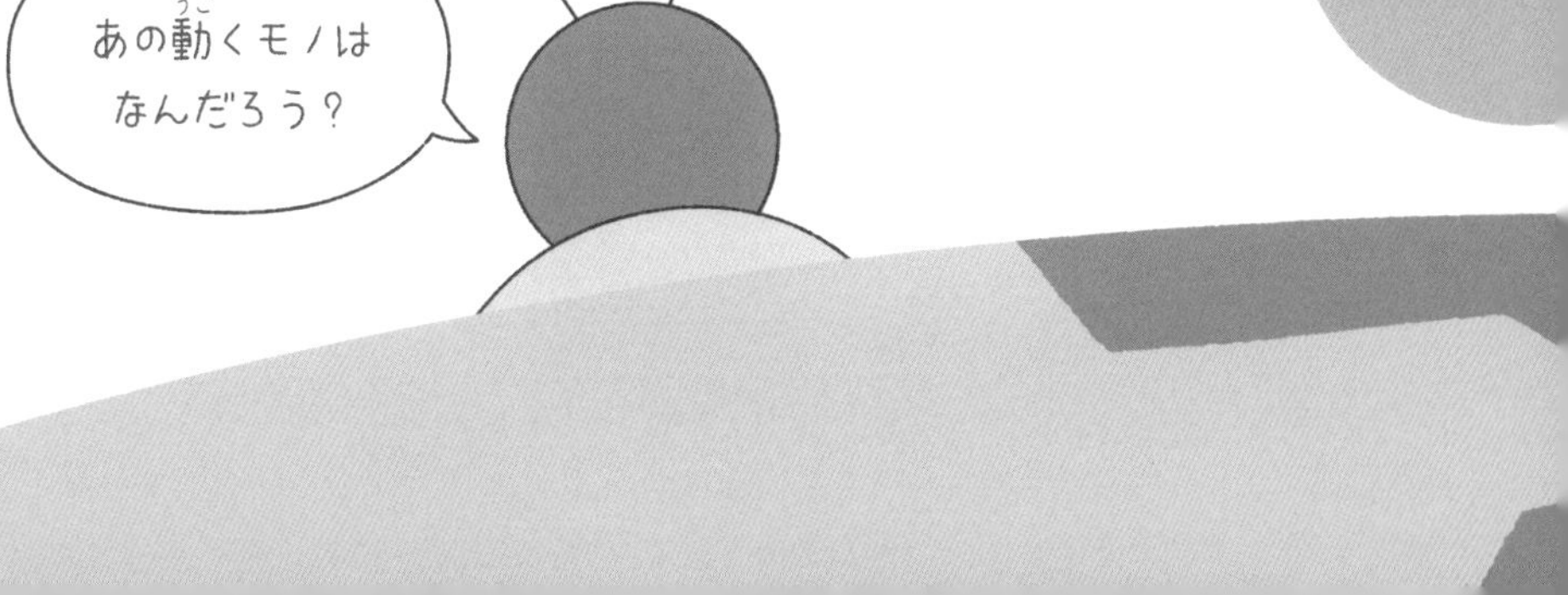

昆虫《こんちゅう》の持《も》ち方《かた》

セミ

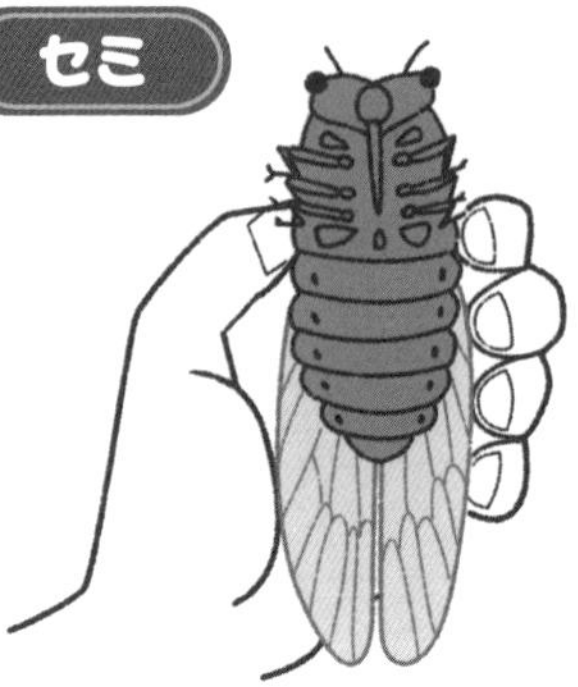

はねのつけ根《ね》あたりを、胴体《どうたい》といっしょに親指《おやゆび》と人差《ひとさ》し指《ゆび》でつまむ。こうするとセミがはねをばたつかせてもいたくないよ。

バッタ

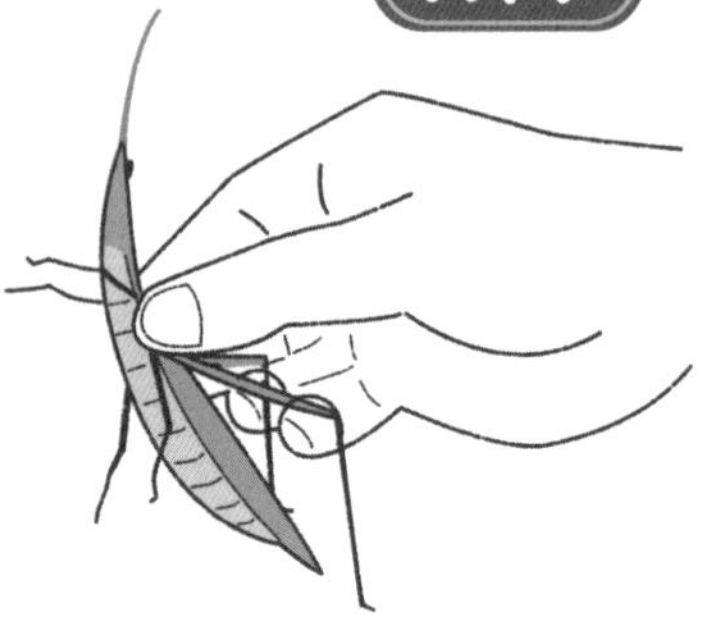

はねのつけ根《ね》あたりを親指《おやゆび》と人《ひと》差《さ》し指《ゆび》でつまむ。あしのギザギザにさわると少《すこ》しいたい。腹《はら》はやわらかいので持《も》たない。

チョウ

人差《ひとさ》し指《ゆび》と中指《なかゆび》ではねをつまむ。鱗粉《りんぷん》（はねについている粉状《こなじょう》のもの）がとれたり、はねが破《やぶ》れたりしないよう、やさしくね。

トンボ

トンボがはねをふるわせると飛《と》ぶ力《ちから》が強《つよ》くてにげてしまうかもしれないから、４枚《まい》のはねを同時《どうじ》に人差《ひとさ》し指《ゆび》と中指《なかゆび》でつまもう。

自然《しぜん》・生《い》き物《もの》編《へん》

どうする?こんなとき

かまれそうだから、犬《いぬ》がこわい!!

じつは犬《いぬ》がこわいんだ。小さいとき、かまれたことがあって……。

女《おんな》の子《こ》

それはある意味《いみ》、正《ただ》しい感覚《かんかく》でもあるよ。犬《いぬ》はかわいい動物《どうぶつ》だけど、自《じ》分《ぶん》で飼《か》っていない犬《いぬ》については、気《き》をつけなければいけないんだ。

博士《はかせ》

自分《じぶん》の飼《か》い犬《いぬ》以外《いがい》は、無理《むり》にさわってはダメ！

犬《いぬ》をこわいと感《かん》じる子《こ》はたいてい、犬《いぬ》にふれる機会《きかい》があまりないんだと思《おも》う。ただ、「こわい」という感覚《かんかく》はまちがってはいないよ。犬《いぬ》はとても飼《か》い主《ぬし》にちゅうじつで、飼《か》い主以外《ぬしいがい》の言《い》うことはきかない場合《ばあい》が多《おお》い。だから、たとえばいきなり知《し》らない人《ひと》がさわってきたら、こうげきされたと思《おも》ってかみつく、なんてこともあるんだ。

もし犬《いぬ》をさわってみたいなら、まずはペットショップなどに行《い》って、子犬《こいぬ》とふれ合《あ》ってみたらどうかな？　少《すこ》しずつ慣《な》れていくと、こわくはなくなると思《おも》うよ。それから、だれかの飼《か》い犬《いぬ》をさわりたいときは、かならず飼《か》い主《ぬし》に確認《かくにん》してからさわらせてもらおうね。

犬《いぬ》の正《ただ》しいさわり方《かた》

① グー《ー》の形《かたち》ににぎった手《て》の甲《こう》を、犬《いぬ》の鼻先《はなさき》にやさしく近《ちか》づける。強引《ごういん》ににおいをかがせないようにしよう。

② クンクンとにおいをかいできたら、あごの下《した》や首《くび》をやさしくさわってみる（頭《あたま》をなでるのは少《すこ》しなれてから！）。

◎こんなことにも注意《ちゅうい》しよう！

犬《いぬ》と同《おな》じ目線《めせん》になろう

名前《なまえ》をよぶと安心《あんしん》するよ

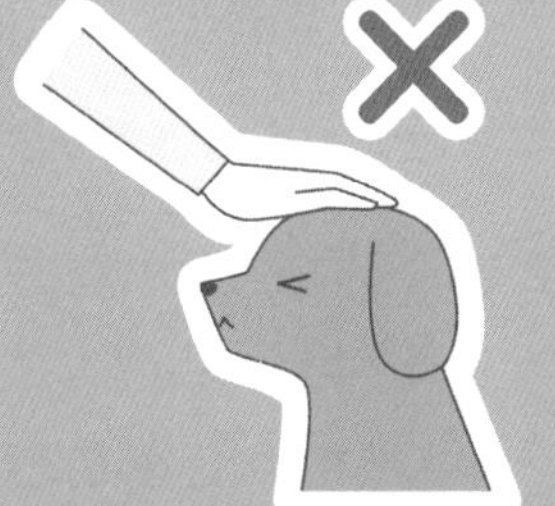

いきなり頭《あたま》をさわらない！

しぐさでわかる犬《いぬ》の気《き》持《も》ち

しっぽをはげしくふる

「わーい」「遊《あそ》んで！」と喜《よろこ》んでいるよ。

しっぽを後《うし》ろあしの間《あいだ》にまきこむ

「不安《ふあん》なんだけど」「こわいよ」とけいかいしているよ。

相手《あいて》に前《まえ》あしをのせる

かまってほしいときや、食《た》べ物《もの》がほしいときにするよ。

耳《みみ》を上《うえ》にピンと立《た》たせる

「ん、なにか気《き》になるぞ？」とまわりの様子《ようす》に注目《ちゅうもく》しているよ。

こんなとき どうする？

鳥《とり》のひなが巣《す》から落《お》ちていた！

鳥《とり》のひなが道《みち》ばたにいたんだけど、なにもしてあげられなかったよ。

男《おとこ》の子《こ》

それでよかったんだよ。ひなのお母《かあ》さんは、ひながどこに落《お》ちてしまったか、きっとわかっているからね。

博士《はかせ》

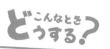

そっと見守《みまも》ってあげるのが正解《せいかい》だよ。

鳥《とり》のひなは巣《す》から落《お》ちてしまうことがある。そんなひなを見《み》つけたら、「病院《びょういん》に連《つ》れていかなきゃ」と思《おも》うかもしれない。でも、そのままそっとしておくのが正解《せいかい》だよ。

ひなが生《い》きているということは、お母《かあ》さんがエサをあげているということ。お母《かあ》さんがきっと近《ちか》くにいるはずだよ。
それにね、もし拾《ひろ》ってあげても、残念《ざんねん》ながら人間《にんげん》の手《て》では鳥《とり》のひなはなかなか育《そだ》たないんだ。だからこそ、ひなのお母《かあ》さんにまかせるのが一《いち》番《ばん》だよ。ただ、もしも車《くるま》が通《とお》りそうな場所《ばしょ》に落《お》ちていたら、ひかれないよう道路《どうろ》のはしっこによせてあげてね。

赤《あか》ちゃんねこがいた！

そんなときは…

赤《あか》ちゃんねこが外《そと》で鳴《な》いているのを見《み》つけたら、キミはどうする？ ペットを飼《か》うことにはせきにんがともなうから、よく考《かんが》えてみよう。かわいがるだけではなくて、ごはんをあげたり、トイレをそうじしたり、毎日《まいにち》お世《せ》話《わ》してあげたりしなければならないんだ。それでも大事《だいじ》に育《そだ》てられるかな？

もしも、本当《ほんとう》に飼《か》ってみたいと思《おも》ったら、まずはきちんと家《いえ》の人《ひと》に相談《そうだん》しよう。どうしてもキミの家《いえ》で飼《か》えないとしても、里親《さとおや》（飼《か》ってくれる人《ひと》）をさがすなど、助《たす》けてあげる方法《ほうほう》はいろいろあるよ。

子《こ》ねこを拾《ひろ》ったらまず、どうしたらいい？

1 あたためてあげる

箱《はこ》にタオルをしいて、タオルの下《した》には、カイロを入《い》れてあげてね。

2 動物病院《どうぶつびょういん》につれていく

ケガや病気《びょうき》がないかチェック。

こんなときどうする？

公《こう》園《えん》にスズメバチがいた！

公園《こうえん》にスズメバチがいたんだ！スズメバチって大《おお》きくてこわいよね。

女《おんな》の子《こ》

スズメバチはさされたら危険《きけん》だから、いざというときのために、どう対応《たいおう》したらいいか、しっかり覚《おぼ》えておこう！

博士《はかせ》

すぐにその場《ば》からはなれよう！こうげきしてはダメ！

「あっちいけ！」と
傘《かさ》などで思《おも》わず
こうげきしてしまうと……。

おこったハチが仲間《なかま》を連《つ》れて
はんげきしてくるかも！

遊《あそ》んでいるときなどに、もしスズメバチを見《み》かけたら、あわてないでその場《ば》から静《しず》かにはなれよう。大《おお》さわぎしないように注意《ちゅうい》してね。

ハチは人間《にんげん》を敵《てき》と思《おも》っているわけではないから、キミがなにもしなければ、ハチからこうげきしてくることはないよ。石《いし》を投《な》げた

ハチを見《み》かけたら、あわてずに、
はなれた場所《ばしょ》にサッとひなん。

ハチはそのまま、
きげんよく
パトロールを続《つづ》けるよ。

り、傘《かさ》などでこうげきしたりするのはぜったいやめよう。しげきをあたえると、ハチは「こうげきされた」と思《おも》ってさそうとしてくることがあるんだ。

そして、スズメバチを見《み》たことを、念《ねん》のため家《いえ》の人《ひと》や学校《がっこう》の先生《せんせい》などに伝《つた》えよう。

巣《す》がありそうな場合《ばあい》は、住《す》んでいる地域《ちいき》の役所《やくしょ》が対応《たいおう》してくれるから、大人《おとな》から連絡《れんらく》してもらうといいよ。

ほかにも
気《き》をつけたい虫《むし》は？

チャドクガの幼虫《ようちゅう》

春《はる》（5～6月《がつ》）と夏《なつ》の後半《こうはん》から秋《あき》（8～9月《がつ》）の年《ねん》2回《かい》、発生《はっせい》する毛虫《けむし》。毒《どく》のある毛《け》が生《は》えていて、その毛《け》に少《すこ》しふれただけでもひふがかぶれてしまうんだ。サザンカ、ツバキなどの植物《しょくぶつ》によくついているよ。

マダニ

マダニは小《ちい》さなテントウムシくらいの大《おお》きさで、かみついて人《にん》間《げん》や動物《どうぶつ》の血《ち》をすうよ。すわれたところがパンパンにはれて、熱《ねつ》が出《で》ることもある。山《やま》の中《なか》だけではなく、公園《こうえん》や草《くさ》むらにもいると言《い》われているよ。野山《のやま》に行《い》くときは「虫《むし》よけクリーム」などを使《つか》おう。

※スズメバチやこれらの虫《むし》にさされた場合《ばあい》は、すぐに家《いえ》の人《ひと》に言《い》って、病院《びょういん》に連《つ》れていってもらおう。

自然《しぜん》・生《い》き物《もの》編《へん》

どこんなとき
うする？

蚊《か》なんていなければいいのに……

男《おとこ》の子《こ》

蚊《か》にさされると
すごくかゆい！
地球《ちきゅう》からいなくなって
くれればいいのに！

博士《はかせ》

たしかに蚊《か》はイヤな生《い》き物《もの》だよね。
でも、人間《にんげん》と同《おな》じように、この地《ち》
球《きゅう》で生《い》きている意味《いみ》が
きっとあるんだよ。

地《ち》球《きゅう》上《じょう》の生《い》き物《もの》にとって蚊《か》は重《じゅう》要《よう》な存《そん》在《ざい》だよ。

じつは蚊《か》って、生《い》き物《もの》のつながりの中《なか》では大《たい》切《せつ》な位《い》置《ち》にいるんだ。水《みず》辺《べ》や水《すい》中《ちゅう》で産《う》みつけられた蚊《か》の卵《たまご》は、小《ちい》さな生《い》き物《もの》の食《た》べ物《もの》になる。ふ化《か》した幼《よう》虫《ちゅう》は水《みず》にしずんだ植《しょく》物《ぶつ》のかけらや細《さい》菌《きん》を食《た》べて水《みず》をきれいにするだけで

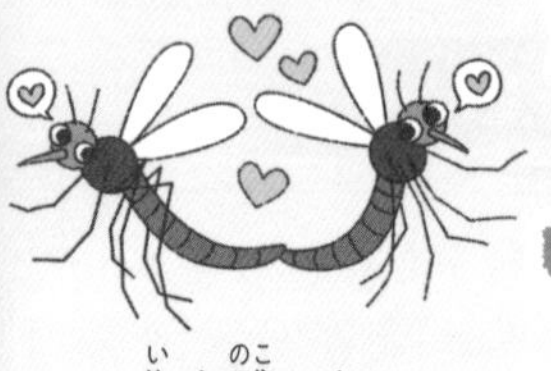

生《い》き残《のこ》ったオスとメスが交《こう》尾《び》。

メスの蚊《か》が卵《たまご》を育《そだ》てるために血《ち》をすう。

水《みず》辺《べ》に産《さん》卵《らん》する。

小《こ》魚《ざかな》が卵《たまご》を食《た》べる。

生《い》き残《のこ》った卵《たまご》が幼《よう》虫《ちゅう》（ボウフラ）になる。

なく、小魚《こざかな》の食《た》べ物《もの》にもなる。蚊《か》の成虫《せいちゅう》はクモやカエル、トカゲ、鳥《とり》などの食《た》べ物《もの》にもなる。つまり蚊《か》は、地球上《ちきゅうじょう》の生《い》き物《もの》たちの「食《く》う、食《く》われる」の関係《かんけい》の中《なか》で、大切《たいせつ》なやくわりを果《は》たしているんだ。

だから蚊《か》がいなくなったら、この関係《かんけい》がくずれてもっと悪《わる》いことが起《お》こる可能性《かのうせい》が高《たか》いんだよ。自分《じぶん》にとってイヤな存在《そんざい》でも、じっくり考《かんが》えてみる必要《ひつよう》があるよね。

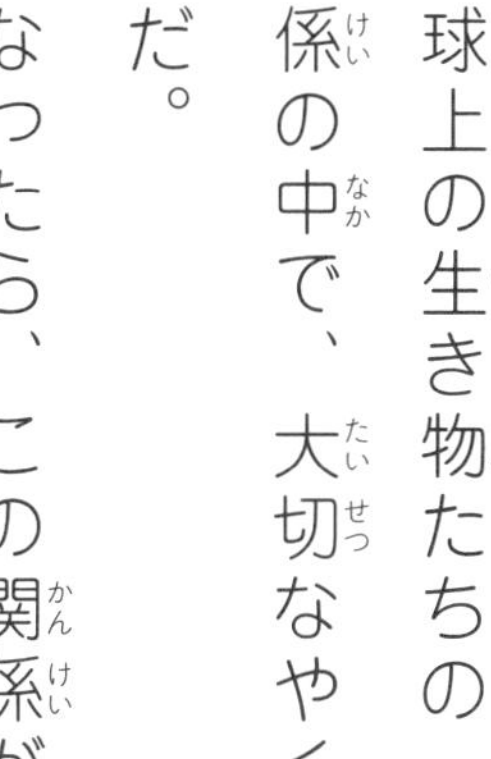

幼虫《ようちゅう》がプランクトンなどを食《た》べる。

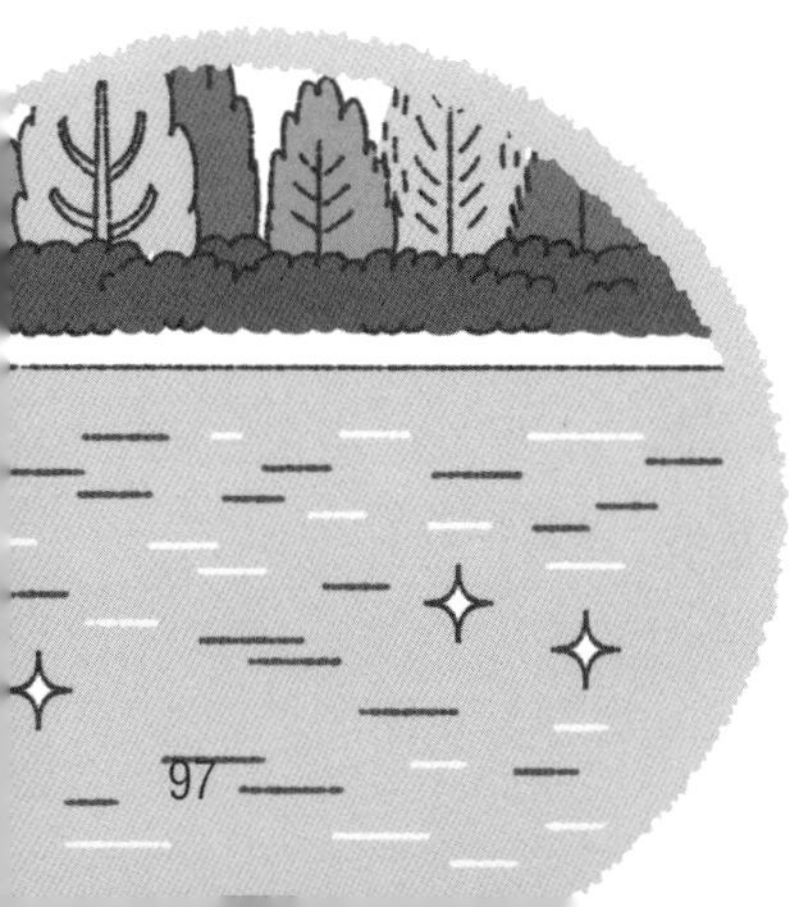

水《みず》がきれいになる。

小魚《こざかな》が幼虫《ようちゅう》を食《た》べる。

生《い》き残《のこ》った幼虫《ようちゅう》が成虫《せいちゅう》（蚊《か》）になる。

鳥《とり》やカエルが蚊《か》を食《た》べる。

そもそも蚊《か》ってどんな生《い》き物《もの》？

蚊《か》が地球上《ちきゅうじょう》に生《う》まれたのは今《いま》から1億年以上前《おくねんいじょうまえ》。人間《にんげん》よりも長《なが》い歴史《れきし》があるよ。

3500種《しゅ》もいて、そのうち、人間《にんげん》の血《ち》をすうのは数百《すうひゃく》種《しゅ》。それもメスだけで、大部分《だいぶぶん》は草《くさ》の汁《しる》や花《はな》のミツをすって生《い》きている。おそらく蚊同士《かどうし》の生存競争《せいぞんきょうそう》の結果《けっか》、動物《どうぶつ》の血《ち》をすうものがあらわれたと考《かんが》えられているよ。

蚊《か》は、南極《なんきょく》やエベレストなどの高山《こうざん》をのぞけば、海岸《かいがん》から森《もり》、草原《そうげん》、山《やま》まで地球上《ちきゅうじょう》のいたるところにいるんだ。

<日本《にほん》によくいる蚊《か》>

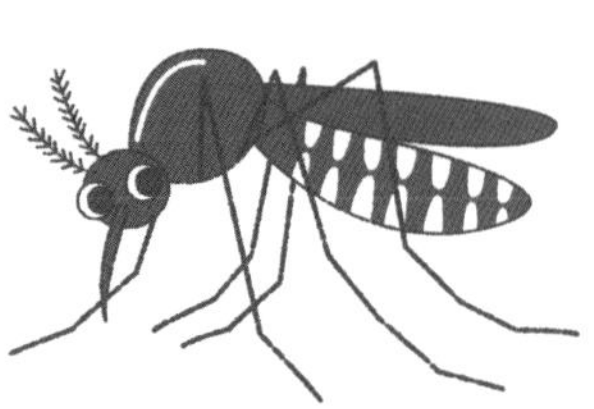

ヒトスジシマカ

からだが白黒《しろくろ》のしまもようになっているのがとくちょう。

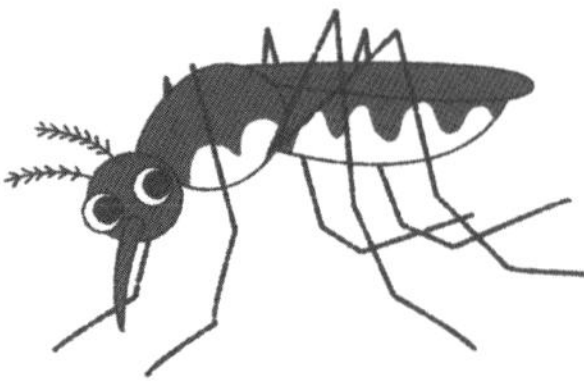

オオクロヤブカ

全体《ぜんたい》が黒《くろ》っぽく、白《しろ》の斑点《はんてん》があるのがとくちょう。

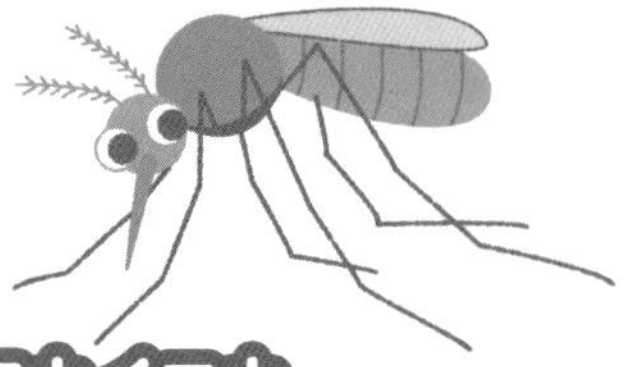

アカイエカ

全体《ぜんたい》が赤《あか》っぽい色《いろ》をした蚊《か》。春《はる》と秋《あき》が活動時期《かつどうじき》。

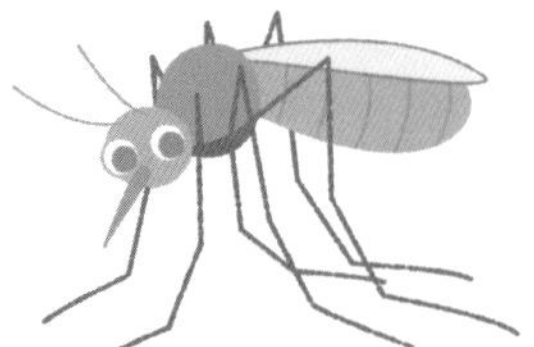

チカイエカ

都会《とかい》の街中《まちなか》で、1年中活動《ねんじゅうかつどう》している。アカイエカとそっくり。

自然《しぜん》・生《い》き物《もの》編《へん》

こんなときどうする？ スペシャル

新種《しんしゅ》の生物《せいぶつ》を発見《はっけん》したかもしれない

たくさんの生《い》き物《もの》を研究《けんきゅう》してきた博士《はかせ》でも、まだ見《み》たことのない生物《ぶつ》っているの？

女《おんな》の子《こ》

もちろんだよ。地球《ちきゅう》には約《やく》170万《まん》種《しゅ》の生物《せいぶつ》がいる。今《いま》でも、新種《しんしゅ》が次々《つぎつぎ》に発見《はっけん》されているから、キミが新種《しんしゅ》の生物《せいぶつ》を発見《はっけん》するかもね!?

博士《はかせ》

ぜったいに素手《すで》ではさわらず、あみなどでつかまえてみて！

恐竜《きょうりゅう》のように、地球《ちきゅう》からぜつめつしてしまった生物《せいぶつ》もいれば、最近《さいきん》になってはじめて発見《はっけん》された生物《せいぶつ》もいる。だからきっとこれからも、まだだれも見《み》たことがない生物《せいぶつ》が見《み》つかることがあるはずだ。

もしキミがその見《み》たことのない生《せい》物《ぶつ》を見《み》つけたとしたら、きっと、つかまえたいと思《おも》うだろうけど、いく

みかくにん生物《せいぶつ》のつかまえ方《かた》

用意《ようい》するもの

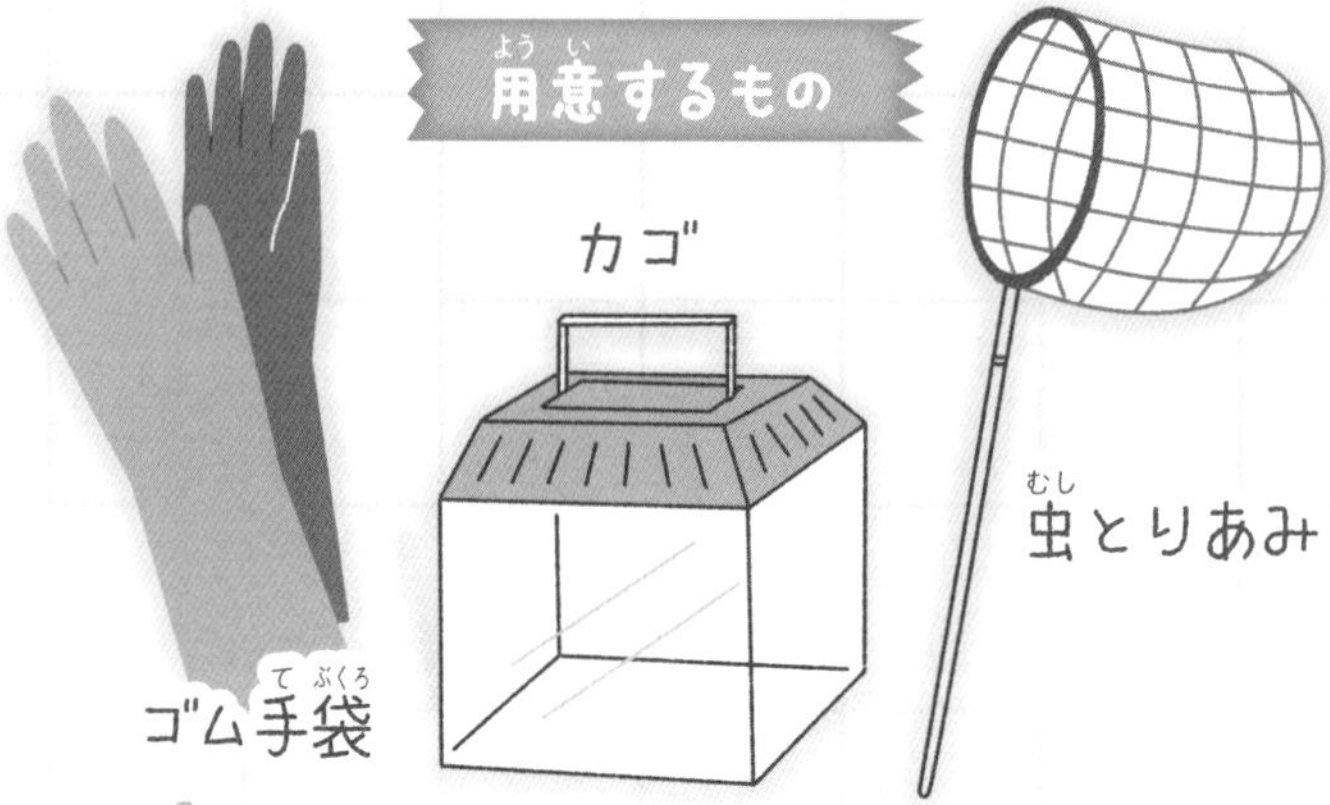

1 虫《むし》とりあみ、カゴ、ゴム手袋《てぶくろ》を用意《ようい》する。

※できれば大人《おとな》といっしょに作業《さぎょう》しよう。

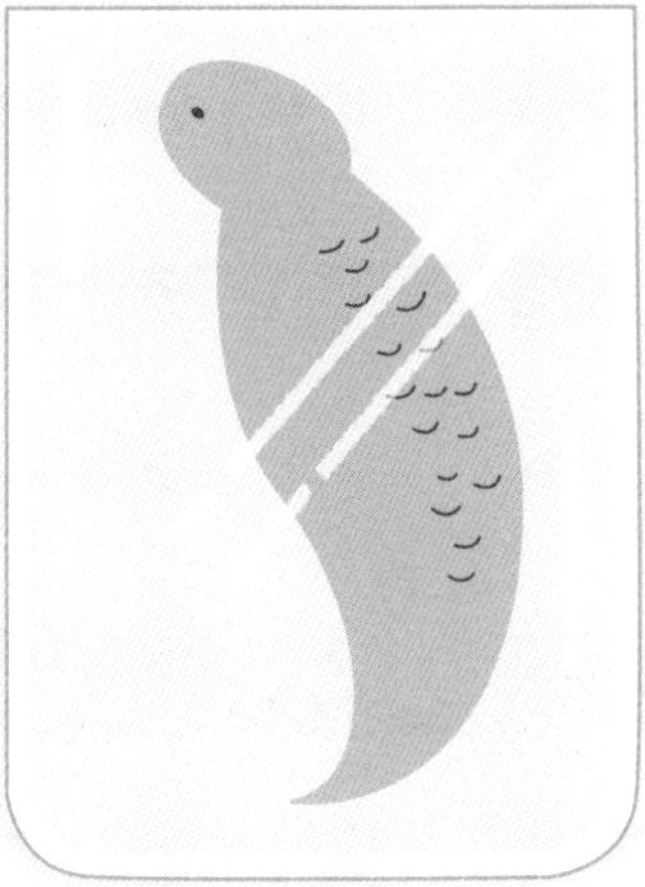

2 からだをつぶさないよう、しんちょうにほかくする。

3 専門家《せんもんか》のところに持《も》っていこう。標本《ひょうほん》になるかも!?

つか注意点《ちゅういてん》があるよ。

まず、その生物《せいぶつ》が毒《どく》をとばすかもしれないから、ぜったいに素手《すで》ではつかまえないようにしよう。そして、つぶしてしまわないよう、虫《むし》とりあみなどを上手《じょうず》に使《つか》って、つかまえてみてね。

つかまえられたら、博物館《はくぶつかん》や学校《がっこう》の先生《せんせい》などの専門家《せんもんか》のところに持《も》っていって、どんな生物《せいぶつ》かかくにんしてもらうといいね。もしかしたらすごい発見《はっけん》かもしれないよ!?

発見《はっけん》したら自分《じぶん》の名前《なまえ》がつくかも!?

今《いま》から約《やく》8500万年前《まんねんまえ》に生息《せいそく》していたといわれる首長竜《くびながりゅう》の「フタバスズキリュウ」。この名前《なまえ》は、1968年《ねん》に世界《せかい》ではじめてフタバスズキリュウの化石《かせき》を発見《はっけん》した、当時高校生《とうじこうこうせい》だった鈴木直《すずきただし》さんの名前《なまえ》と、発見《はっけん》された地層《ちそう》（双葉層群《ふたばそうぐん》）にちなんでつけられたんだって。

もし、キミが新《あたら》しい生《い》き物《もの》を発見《はっけん》したら、キミの名前《なまえ》が入《はい》った生物名《せいぶつめい》になるかもしれないよ！

第《だい》4章《しょう》

危《き》機《き》管《かん》理《り》編《へん》

マンガ「地震《じしん》だ! そのときどうする?」の巻《まき》

危機管理《ききかんり》編《へん》

ひとりのときに大《おお》地《じ》震《しん》が起《お》きた！

こんなとき どうする？

ひとりだったら
どうしたら
いいのかなあ。
こわいよー！

女《おんな》の子《こ》

大人《おとな》がいないと不安《ふあん》になるよね。でもおちついて。たおれそうなものからはなれて自分《じぶん》の身《み》は自分《じぶん》で守《まも》るのよ！

博士《はかせ》

グラッときたら頭《あたま》とからだを守《まも》って、おさまったら安全《あんぜん》な場所《ばしょ》へ！

もしも大地震《おおじしん》が起《お》きたら、まずたおれそうなものからはなれて、からだを低《ひく》くし、カバンやうでで頭《あたま》を守《まも》ることが大切《たいせつ》だよ。これは大人《おとな》といっしょにいるときも、ひとりでいるときも同《おな》じ。

そして、ゆれがおさまったら近《ちか》くの安全《あんぜん》な場所《ばしょ》へひなんしよう。

通学路《つうがくろ》や家《いえ》の中《なか》で「今《いま》ここで地震《じしん》

部屋《へや》の中《なか》では窓《まど》や家具《かぐ》からはなれて身《み》を守《まも》る

部屋《へや》の中《なか》では家具《かぐ》や窓《まど》からはなれて、ダンゴムシのポーズ（P.108）で身《み》を守《まも》ろう。

が起《お》きたら？」を考《かんが》えておくと、いざというときにあわてずにすむよ。お父《とう》さんやお母《かあ》さんとどうやってれんらくを取《と》り合《あ》うか、どこで待《ま》ち合《あ》わせるかを、あらかじめ決《き》めておくといいね！

海《うみ》や河口《かこうち》近《か》くでは
ゆれがおさまったら高台《たかだい》へ

海《うみ》の近《ちか》くではつなみがくるかも。ゆれがおさまったらすぐに高《たか》いところへ移動《いどう》しよう。

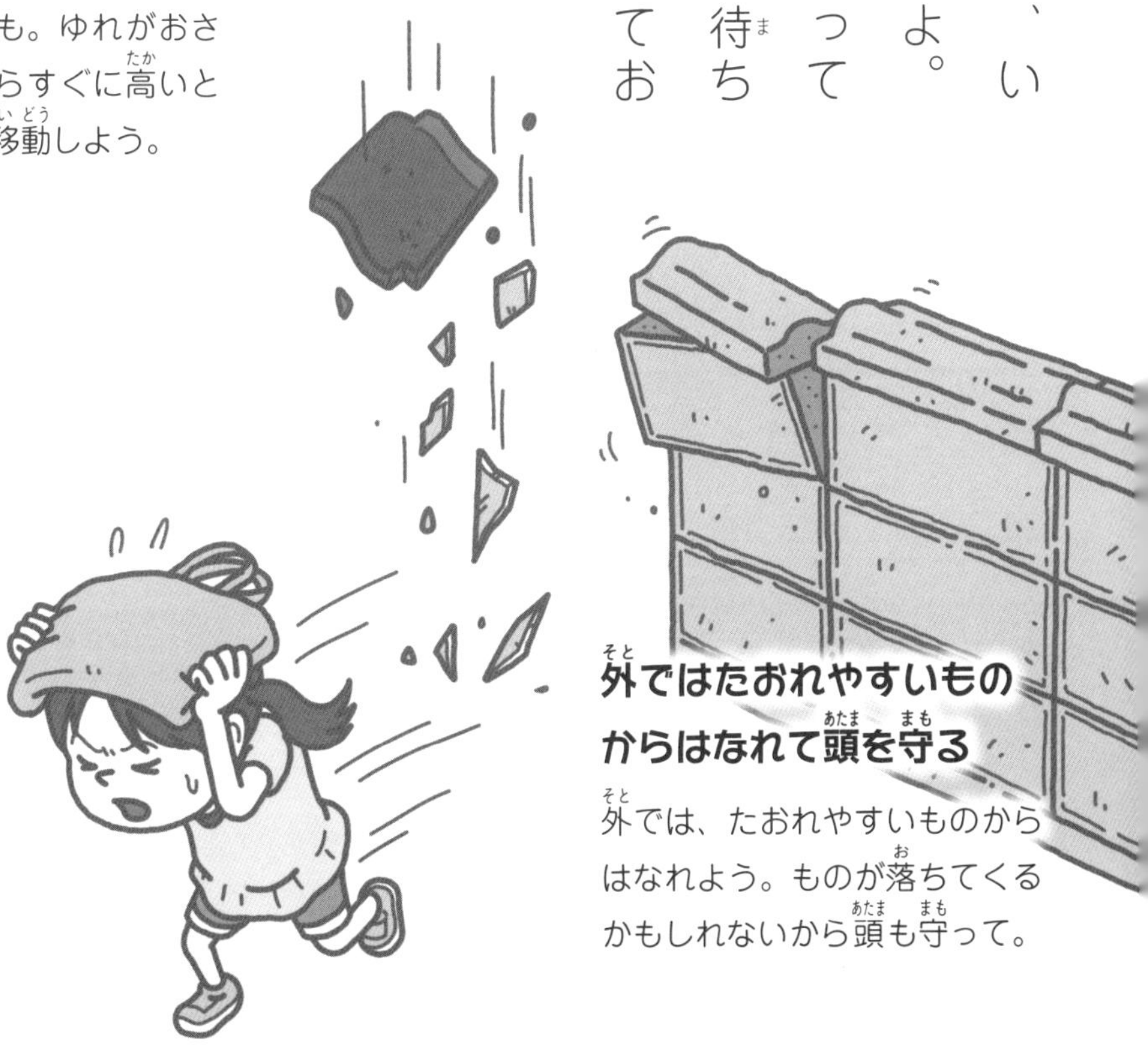

外《そと》ではたおれやすいもの
からはなれて頭《あたま》を守《まも》る

外《そと》では、たおれやすいものからはなれよう。ものが落《お》ちてくるかもしれないから頭《あたま》も守《まも》って。

たおれそうなものからどうにげる？

前《まえ》ににげる

ゆれが大《おお》きなときはたくさん動《うご》けない。前《まえ》ににげるとまきこまれてしまうよ！

横《よこ》ににげる

たおれそうなものの横《よこ》ににげれば、一歩《いっぽ》よけるだけでだいじょうぶだよ。

落《お》ちてくるものから頭《あたま》を守《まも》ろう！

なにもなければ ダンゴムシのポーズ™

ひざをついてダンゴムシみたいにからだを丸《まる》め、手《て》でしっかり頭《あたま》を守《まも》ろう。

カバンがあれば 頭《あたま》にのせる

かわらやタイル、われたガラスなどが落《お》ちてくるかも。カバンなど身近《みぢか》にあるもので頭《あたま》を守《まも》ろう。

危機《きき》管理《かんり》編《へん》

目《め》の前《まえ》で火事《かじ》が起《お》きた！

こんなときどうする？

火《ひ》が大《おお》きくなって火《か》事《じ》になっているのを発見《はっけん》！ 近《ちか》くには大人《おとな》がいないよ。

火事《かじ》が起《お》きているのを見《み》つけたら、まわりに知《し》らせてキミもすぐにげて！ 絶対《ぜったい》にもどってはダメよ。

男《おとこ》の子《こ》

博士《はかせ》

大声《おおごえ》で「火事《かじ》だ！」とまわりに知《し》らせて、自分《じぶん》もすぐににげよう！

ルール1
火《ひ》が目線《めせん》より大《おお》きくなったら消火《しょうか》をあきらめてにげる

ルール2
まわりに知《し》らせる

ルール3
もどらない

火《ひ》は熱《あつ》いし、とてもおそろしいもの。大《おお》きなほのおを見《み》ただけで、足《あし》がすくんでしまうかもしれないね。だけど、火事《かじ》のときに一番《いちばん》こわいの

は、じつはけむりなんだ。けむりにふくまれている有《ゆう》毒《どく》ガスは、たったひと息《いき》すいこんだだけで、からだが動《うご》かなくなってしまうくらい危険《きけん》なんだよ。

だから火事《かじ》を見《み》つけたら、大声《おおごえ》で「火事《かじ》だ！」ってまわりに知《し》らせて、自分《じぶん》もダッシュでにげてほしい。

それから、火遊《ひあそ》びはぜったいにしてはいけないよ。


覚《おぼ》えておこう！

消火器《しょうかき》の使《つか》い方《かた》

①
ピン
をぬく！
②
ホース
を火元《ひもと》にむける！
③
レバー
をにぎる！

消火完了《しょうかかんりょう》!!

ルール4
けむりをすわない

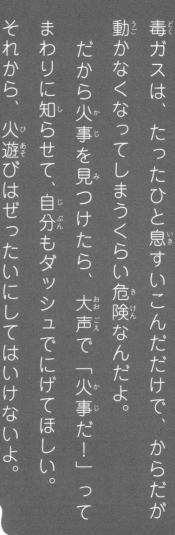

自分《じぶん》の服《ふく》に火《ひ》がついてしまった！

こわくて走《はし》り出《だ》したくなってしまうかもしれないけれど、ぜったいにダメ。走《はし》るともっと、もえてしまうんだ。
花火《はなび》や料理《りょうり》をしているときに、そでに火《ひ》がついてしまったら、火《ひ》をおしつぶして消《け》そう。おふろに水《みず》がたまっていればつかるのもいいね。全身《ぜんしん》に火《ひ》が回《まわ》ってしまったら、顔《かお》を手《て》でおおいながら、転《ころ》がって消《け》すんだよ。

そんなときは…

火《ひ》を地面《じめん》におしつぶす

もえている部分《ぶぶん》を地面《じめん》におしつぶすようにして火《ひ》を消《け》すよ。

水《みず》がたまっているおふろに入《はい》る

家《いえ》の中《なか》で火《ひ》がついてしまったときは、おふろに水《みず》がたまっているならそのまま入《はい》ってしまおう。

顔《かお》を手《て》でおおって地面《じめん》を転《ころ》がる

全身《ぜんしん》が火《ひ》に包《つつ》まれてしまったら、顔《かお》がやけどしないように手《て》でおおい、地面《じめん》を転《ころ》がって消《け》そう。

危機管理編《ききかんりへん》

海《うみ》や川《かわ》で おぼれそうに なった！

どうする？ こんなとき

ボクは水泳《すいえい》を習《なら》っているから、おちついて泳《およ》げば平気《へいき》だよね？

男《おとこ》の子《こ》

自然《しぜん》の影響《えいきょう》を受《う》ける海《うみ》や川《かわ》は、プールとは別物《べつもの》。流《なが》れがあるから、泳《およ》ぎが得意《とくい》でも油断《ゆだん》は禁物《きんもつ》だよ！

博士《はかせ》

あわててもがいてはダメ！「うく」ことを考《かんが》えて。

泳《およ》ぐのが得意《とくい》だから、自分《じぶん》がおぼれることはないと思《おも》ったら大《おお》まちがい。どんなに泳《およ》ぎが上手《じょうず》な人《ひと》でも、流《なが》されたり足《あし》をすべらせたり、水《みず》を飲《の》んでしまったりすると、おぼれてしまうこともあるんだ。

おぼれそうになったら泳《およ》ぐのではなくて〝うく〟ことを考《かんが》えよう。服《ふく》の中《なか》に空気《くうき》を入《い》れれば、それだけでもからだをうかせる助《たす》けになるんだ。くつにもうく力《ちから》があるから、あわててぬがないようにしよう。

たとえ泳《およ》ぎに自信《じしん》があっても、川《かわ》ならライフジャケット、海《うみ》ならウエットスーツのようなうく力《ちから》のある水着《みずぎ》を着《き》るといいよ。少《すこ》しの油断《ゆだん》が命《いのち》とりになるということをわすれてはいけないよ。

ういて待《ま》つ

なんで服《ふく》はぬがないほうがいいの？

服《ふく》に空気《くうき》を入《い》れればからだがうきやすくなるし、保温効果《ほおんこうか》もあるんだ。服《ふく》がぬれると動《うご》きにくくなるかもしれないけれど、着《き》たままでいよう。

上着《うわぎ》を手《て》で持《も》ち上《あ》げて空気《くうき》を入《い》れ、服《ふく》の中《なか》にとじこめよう。うきわのかわりになるよ！練習《れんしゅう》でコツをつかんで。

おぼれそうな人《ひと》を見《み》つけた！

もしもおぼれそうな人《ひと》やおぼれている人《ひと》を見《み》つけたら、まわりにいる大人《おとな》に知《し》らせて、うくものをどんどん投《な》げてあげよう。本当《ほんとう》におぼれそうな人《ひと》は、バシャバシャあばれるのではなく、静《しず》かにしずんでいくんだ。いっしょに遊《あそ》んでいた子《こ》が急《きゅう》に静《しず》かになったら、「だいじょうぶ？」と、声《こえ》をかけてあげよう。

海《うみ》では、浜辺《はまべ》に向《む》かって片方《かたほう》の手《て》を大《おお》きくふると、「助《たす》けてサイン」になるよ。

そんなときは…

うくものを投《な》げる

ペットボトルやうきわなどを投《な》げるときはまず、おぼれている人《ひと》の場所《ばしょ》をよく見《み》よう。川《かわ》なら上流《じょうりゅう》に、海《うみ》なら手前《てまえ》に投《な》げるととどきやすいよ。

海《うみ》では浜辺《はまべ》に向《む》かって「助《たす》けてサイン」

おぼれている人《ひと》がいたり、沖《おき》に流《なが》されて危険《きけん》を感《かん》じたりしたら、浜辺《はまべ》に向《む》かって大《おお》きく片方《かたほう》の手《て》をふろう。監視員《かんしいん》やライフセーバーが気《き》づいて助《たす》けにきてくれるよ。

危機管理《ききかんり》 編《へん》

知《し》らない人《ひと》が声《こえ》をかけてきた!

こんなとき どうする?

知《し》らない人《ひと》がわたしに話《はな》しかけてきたんだけど、無視《むし》は失礼《しつれい》だよね?

女《おんな》の子《こ》

やさしいキミはこたえてあげたくなるかもしれないね。でも、別《べつ》の場所《ばしょ》へ連《つ》れていかれそうになったらにげて!

博士《はかせ》

知《し》っている人《ひと》でも知《し》らない人《ひと》でも、ついていってはいけないよ！

こんにちは
こんにちは

家《いえ》や学校《がっこう》のルールに合《あ》わせて、地域《ちいき》の人《ひと》と話《はなし》をしたり、あいさつをかわしたりするのはもちろんOK《オーケー》。キミも元気《げんき》にあいさつをしよう。

でも、「ちょっとこっちへきて」などと、今《いま》いる場所《ばしょ》から別《べつ》の場所《ばしょ》へ連《つ》れていかれそうになったら、すぐににげよう。た

相手《あいて》とのきょりはこれくらい！
パーソナルスペース

おたがいに手《て》をのばしてもとどかないくらいはなれていると、相手《あいて》がつかまえようと思《おも》ってもにげられるよ。これをパーソナルスペースと言《い》うんだ。

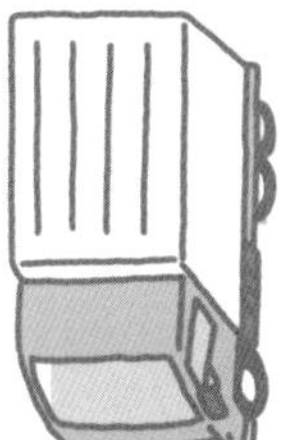

とえ、知《し》っている人《ひと》の車《くるま》でも、ぜったいに乗《の》ってはいけないよ。道《みち》にまよったとき、ちゃんとした大人《おとな》なら子《こ》どもに道《みち》を聞《き》いたりしないはず。今《いま》はスマートフォンもあるから自分《じぶん》で調《しら》べられるからね。

少《すこ》しでもあやしい、こわいと思《おも》ったら、なにも言《い》わずににげていい。こわいことや危《あぶ》ないことがあったら、かならずお父《とう》さんやお母《かあ》さん、先生《せんせい》に言《い》おうね。

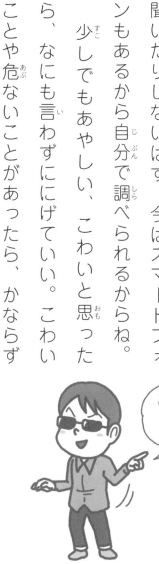

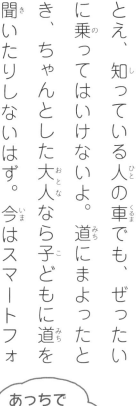

“ねらわれにくい子《こ》”になろう！

ときどきふりむく
手《て》に防犯《ぼうはん》ブザー
あっ、お母《かあ》さん？今《いま》から帰《かえ》るよ
電話《でんわ》で話《はな》すフリ
急《いそ》ぎ足《あし》で歩《ある》く

昼間《ひるま》でも夜《よる》でも、ひとりきりでいるとねらわれやすくなる。だから、けいかいしていることをまわりに伝《つた》える行動《こうどう》をとることが大切《たいせつ》だよ。

まず、声《こえ》をかけられにくいように急《いそ》ぎ足《あし》で歩《ある》くこと。そして、ときどきふりむいて、うしろにいる人《ひと》や自《じ》転車《てんしゃ》、車《くるま》を見《み》ること。あとは、防犯《ぼうはん》ブザーを手《て》に持《も》って、いつでも鳴《な》らせるようにしておこう。

携帯電話《けいたいでんわ》を持《も》っているなら、家《いえ》に着《つ》くまで家《いえ》の人《ひと》と話《はな》すのもいいね。暗《くら》ければ、電話《でんわ》を持《も》っていなくても、持《も》っているフリをすることもできるよ。ただし、話《はなし》に集中《しゅうちゅう》しすぎず、まわりに目《め》を配《くば》ろうね。

危機管理《ききかんり》編《へん》

宇宙人《うちゅうじん》に出会《であ》ってしまった！

こんなときどうする？ スペシャル

宇宙人《うちゅうじん》に会《あ》ったら、写真《しゃしん》をとらせてくれるかな？

男《おとこ》の子《こ》

記念撮影《きねんさつえい》だなんて、ダメダメ！ 宇宙人《うちゅうじん》や未知《みち》の生物《せいぶつ》、知《し》らないものに近《ちか》づくのはとっても危険《きけん》。とにかくすぐにはなれて!!

博士《はかせ》

近《ちか》づかない！ さわらない！ すぐににげるんだ!!

宇《う》宙《ちゅう》人《じん》と仲《なか》よくしようなんて、マンガやアニメのようなことを考《かんが》えてはいけないよ。宇《う》宙《ちゅう》人《じん》は地《ち》球《きゅう》外《がい》生《せい》命《めい》体《たい》。感《かん》染《せん》症《しょう》を持《も》っているかもしれないし、万《まん》が一《いち》感《かん》染《せん》してしまったら、地《ち》球《きゅう》には治《なお》す薬《くすり》がない。それに、地《ち》球《きゅう》にきた目《もく》的《てき》もわからないでしょう？ 近《ちか》づくのも、さわるのもダメ！ とにかくすぐににげるんだ。大人《おとな》に知《し》らせて、けいさつに連《れん》絡《らく》をしてもらおうね。

宇《う》宙《ちゅう》人《じん》ではなかったとしても、危《き》機《き》管《かん》理《り》の観《かん》点《てん》から

UFO《ユーフォー》を見《み》つけたら？
宇宙《うちゅう》からやってきたUFO《ユーフォー》は放射能《ほうしゃのう》におせんされているかも！ はなれないとひばくするかのうせいも。もしもUFO《ユーフォー》を見《み》つけたら、すぐににげて。

宇宙人《うちゅうじん》かなぁ……？
さわっちゃダメ!!
宇宙人《うちゅうじん》や未知《みち》の生物《せいぶつ》に、近《ちか》づいたりさわったりしてはダメ。子《こ》どもだけで見《み》つけたら、すぐに大人《おとな》に知《し》らせよう。
にげろーー!!

うわぁぁぁぁぁ!!

言《い》うと、未知《みち》の生物《せいぶつ》やなんだかわからないものにさわってはいけないよ。毒《どく》を持《も》っているかもしれないし、どんな危険《きけん》があるかわからないからね。

宇宙人《うちゅうじん》に会《あ》ったら？　宇宙空間《うちゅうくうかん》どう使《つか》う？

世界中《せかいじゅう》でまじめに話《はな》し合《あ》われている！

世界《せかい》では、多《おお》くの国《くに》の代《だい》表者《ひょうしゃ》や研究者《けんきゅうしゃ》が集《あつ》まって、宇宙空間《うちゅうくうかん》のことや、宇宙人《うちゅうじん》に出会《であ》ったらどうするかを話《はな》し合《あ》っているよ。

1959年《ねん》につくられた国連宇宙空間平和利用委員会《こくれんうちゅうくうかんへいわりよういいんかい》には、日本《にほん》を含《ふく》む84カ国《こく》※1が参加《さんか》しているし、1967年《ねん》には、宇宙《うちゅう》にまつわる基本的《きほんてき》なことを国際的《こくさいてき》に取《と》り決《き》めた※2「宇宙条約《うちゅうじょうやく》」もつくられているよ。

および利用《りよう》における国家活動《こっかかつどう》を律《りっ》する原則《げんそく》に関《かん》する条約《じょうやく》」より

宇《う》宙《ちゅう》条《じょう》約《やく》って？

宇宙《うちゅう》は全人類《ぜんじんるい》の活動分野《かつどうぶんや》

月《つき》やその他《た》の星《ほし》などの宇宙空間《うちゅうくうかん》は、人類《じんるい》が自由《じゆう》に立《た》ち入《い》り、利用《りよう》することができるんだ。

宇宙飛行士《うちゅうひこうし》は宇宙空間《うちゅうくうかん》への人類《じんるい》の代表《だいひょう》

宇宙飛行士《うちゅうひこうし》は人類《じんるい》の代表《だいひょう》。事《じ》故《こ》などが起《お》こったら、みんなで助《たす》けることになっているよ。

国《くに》は宇宙人《うちゅうじん》を見《み》つけたら国連《こくれん》へ報告《ほうこく》

宇宙空間《うちゅうくうかん》で宇宙人《うちゅうじん》や命《いのち》にかかわるげんしょうを発見《はっけん》したら、国《くに》は国連《こくれん》に知《し》らせなければならない。

※1 2017年《ねん》現在《げんざい》　※2 宇宙条約《うちゅうじょうやく》「月《つき》やその他《た》の天体《てんたい》を含《ふく》む宇宙空間《うちゅうくうかん》の探査《たんさ》

保護者《ほごしゃ》の方《かた》へ

―あとがきに代《か》えて―

日々《ひび》のくらしの中《なか》で、子《こ》どもたちは小《ちい》さなからだで感《かん》じた素朴《そぼく》な疑問《ぎもん》を、素直《すなお》にぶつけてきます。

ときにそれらの疑問《ぎもん》は、大人《おとな》の私《わたし》たちが答《こた》えに窮《きゅう》する場合《ばあい》もあるでしょう。

今回《こんかい》、ご紹介《しょうかい》した「こんなとき、どうする？」は、もしかしたらすでに保護者《ほごしゃ》の方々《かたがた》も、子《こ》どもたちから疑問《ぎもん》を投《な》げかけられたことのある内容《ないよう》だったかもしれません。

これらの疑問《ぎもん》に正解《せいかい》はなく、さまざまな答《こた》えが考《かんが》えられます。

大切《たいせつ》なのは、子《こ》どもたちが抱《いだ》く素朴《そぼく》なぎもんにていねいに答《こた》えていき、「考《かんが》えるヒント」を与《あた》えることだと思《おも》うのです。

そうすることが、子《こ》どもたち自身《じしん》の「考《かんが》える力《ちから》」を育《はぐく》むことにつながるのではないでしょうか。

そして、考《かんが》える力《ちから》はきっと、子《こ》どもたちが大人《おとな》になっていく上《うえ》で大切《たいせつ》な「生《い》きる力《ちから》」となっていくのだと思《おも》います。

本書《ほんしょ》をきっかけに、子《こ》どもたちに「ぎもんを解決《かいけつ》していく楽《たの》しさ」「自分《じぶん》で考《かんが》える大切《たいせつ》さ」を知《し》ってもらえればうれしいです。

第1・2章 監修 諸富 祥彦（もろとみ よしひこ）

福岡県生まれ。明治大学文学部教授。教育カウンセラー。教育学博士。筑波大学大学院、千葉大学教育学部助教授を経て、現職。主な著書に『男の子の育て方』『女の子の育て方』（ともにWAVE出版）『子育ての教科書』（幻冬舎）など。
http://morotomi.net/

第3章 監修 今泉 忠明（いまいずみ ただあき）

東京都生まれ。国立科学博物館特別研究生として哺乳類の分類学・生態学を学ぶ。国際生物学事業計画（IBP）調査、日本列島総合調査、イリオモテヤマネコの生態調査等に参加。現在、東京・奥多摩にて山の森の動物、富士山麓の動物相を調査する。ねこの博物館館長、日本動物科学研究所所長。

第4章 監修 国崎 信江（くにざき のぶえ）

神奈川県生まれ。危機管理アドバイザー。危機管理教育研究所代表。女性として、生活者の視点で防災・防犯・事故防止対策を提唱している。地震調査研究推進本部政策委員会などの国や自治体の防災関連の委員を務める。現在は講演活動を中心に、テレビや新聞などにも情報提供を行う。

編集・執筆　引田 光江（スタジオダンク）、大勝 きみこ、木村 亜紀子
デザイン　鎌田 優樹、佐藤 明日香（スタジオダンク）、
イラスト・マンガ　きゃらきゃらマキアート（1章）、いけもと なおみ（2章）、つゆこ（3章）、大野 直人（4章）

子どものぎもん事典
こんなとき、どうする？

初版発行　2017年9月
監　修　諸富 祥彦、今泉 忠明、国崎 信江
発行所　株式会社 金の星社
〒111-0056 東京都台東区小島 1-4-3
電話 03-3861-1861（代表）
FAX 03-3861-1507
振替 00100-0-64678
http://www.kinnohoshi.co.jp
印　刷　広研印刷 株式会社
製　本　東京美術紙工

128P　21.0cm　NDC379　ISBN978-4-323-07393-4

Published by KIN-NO-HOSHI SHA Co.,Ltd, Tokyo Japan

乱丁落丁本は、ご面倒ですが、小社販売部宛てにご送付ください。
送料小社負担にてお取り替えいたします。